VON DER DUNKELHEIT ZUR HERRSCHAFT: 40 Tage, um sich aus dem verborgenen Griff der Dunkelheit zu befreien

Eine globale Andacht des Bewusstseins, der Erlösung und der Kraft

Für Einzelpersonen, Familien und Nationen, die bereit sind, frei zu sein

Von

Zacharias Godseagle; Ambassador Monday O. Ogbe and Comfort Ladi Ogbe

Inhaltsverzeichnis

Über das Buch – VON DER DUNKELHEIT ZUR HERRSCHAFT ... 1
Text auf der Rückseite 4
Ein-Absatz-Medienwerbung (Presse/E-Mail/Werbetext) 6
Hingabe 8
Danksagung 9
An den Leser 11
So verwenden Sie dieses Buch 13
Vorwort 16
Vorwort 18
Einführung 20
KAPITEL 1: URSPRÜNGE DES DUNKLEN KÖNIGREICHS 23
KAPITEL 2: WIE DAS DUNKLE KÖNIGREICH HEUTE FUNKTIONIERT 26
KAPITEL 3: EINSTIEGSPUNKTE – WIE MENSCHEN SÜCHTIG WERDEN 29
KAPITEL 4: MANIFESTATIONEN – VON BESESSENHEIT ZUR BESESSENHEIT 31
KAPITEL 5: DIE MACHT DES WORTES – DIE AUTORITÄT DER GLÄUBIGEN 34
TAG 1: BLUTLINIEN & TORE – FAMILIENKETTEN DURCHBRECHEN 37
TAG 2: TRAUMINVASIONEN – WENN DIE NACHT ZUM SCHLACHTFELD WIRD 40
TAG 3: SPIRITUELLE EHEPARTNER – UNHEILIGE VERBINDUNGEN, DIE SCHICKSALE VERBINDEN 43
TAG 4: VERFLUCHTE GEGENSTÄNDE – TÜREN, DIE VERUNREINIGEN 46
TAG 5: BEZAUBERT UND GETÄUSCHT – SICH VOM GEIST DER WAHRSACHE BEFREIEN 49
TAG 6: TORE DES AUGES – PORTALE DER DUNKELHEIT SCHLIESSEN 52
TAG 7: DIE MACHT HINTER DEN NAMEN – VERZICHT AUF UNHEILIGE IDENTITÄTEN 55

TAG 8: FALSCHES LICHT ENTLARVEN – NEW-AGE-FALLEN UND ENGELSÜCHTIGKEITEN 58

TAG 9: DER ALTAR DES BLUTES – BÜNDE, DIE EIN LEBEN ERFORDERN 61

TAG 10: UNFRUCHTBARKEIT & GEBROCHENHEIT – WENN DIE GEBÄRMUTTER ZUM SCHLACHTFELD WIRD 65

TAG 11: AUTOIMMUNERKRANKUNGEN UND CHRONISCHE MÜDIGKEIT – DER UNSICHTBARE KRIEG IN UNS 70

TAG 12: EPILEPSIE & SEELISCHE QUALEN – WENN DER GEIST ZUM SCHLACHTFELD WIRD 74

TAG 13: GEIST DER ANGST – DEN KÄFIG DER UNSICHTBAREN QUALITÄT DURCHBRECHEN 78

TAG 14: SATANISCHE MARKIERUNGEN – DAS UNHEILIGE BRANDSTÜCK LÖSCHEN 81

TAG 15: DAS SPIEGELREICH – DEM GEFÄNGNIS DER REFLEXIONEN ENTKOMMEN 85

TAG 16: DIE Fesseln der Wortflüche brechen – Ihren Namen und Ihre Zukunft zurückerobern 89

TAG 17: BEFREIUNG VON KONTROLLE UND MANIPULATION 93

TAG 18: DIE MACHT DER UNVERSÖHNUNG UND BITTERKEIT BRECHEN 97

TAG 19: HEILUNG VON SCHAM UND VERURTEILUNG 101

TAG 20: HAUSHEXEREI – WENN DIE DUNKELHEIT UNTER DEM GLEICHEN DACH LEBT 106

TAG 21: DER GEIST DER ISEBEL – VERFÜHRUNG, KONTROLLE UND RELIGIÖSE MANIPULATION 110

TAG 22: PYTHONS UND GEBETE – DEN GEIST DER EINSCHRÄNKUNG BRECHEN 114

TAG 23: THRONES OF INIQUITY – TERRITORIALE FESTUNGEN ZERSTÖREN 117

TAG 24: SEELENFRAGMENTE – WENN TEILE VON DIR FEHLEN 120

TAG 25: DER FLUCH DER FREMDEN KINDER – WENN SCHICKSALE BEI DER GEBURT AUSGETAUSCHT WERDEN 123

TAG 26: VERBORGENE ALTARE DER MACHT – SICH VON DEN OKKULTISCHEN BÜNDEN DER ELITE BEFREIEN 127

TAG 27: UNHEILIGE ALLIANZEN – FREIMAUREREI, ILLUMINATI & SPIRITUELLE INFILTRATION 130

TAG 28: Kabbala, Energienetze und die Verlockung des mystischen „Lichts" 134

TAG 29: DER SCHLEIER DER ILLUMINATI – DIE ENTHÜLLUNG DER OKKULTEN ELITE-NETZWERKE 137

TAG 30: DIE MYSTERIENSCHULEN – ALTE GEHEIMNISSE, MODERNE KNECHTSCHAFT 141

TAG 31: KABBALAH, HEILIGE GEOMETRIE & ELITE-LICHT-TÄUSCHUNG 145

TAG 3 2: DER SCHLANGENGEIST IN UNS – WENN DIE BEFREIUNG ZU SPÄT KOMMT 150

TAG 33: DER SCHLANGENGEIST IN UNS – WENN DIE BEFREIUNG ZU SPÄT KOMMT 155

TAG 34: MAURER, KODEXE UND FLÜCHE – Wenn Brüderlichkeit zur Knechtschaft wird 159

TAG 35: HEXEN IN DEN KIRCHENBÄNKEN – WENN DAS BÖSE DURCH DIE KIRCHENTÜREN EINTRITT 163

TAG 36: CODIERTE ZAUBER – WENN LIEDER, MODE UND FILME ZU PORTALEN WERDEN 167

TAG 37: DIE UNSICHTBAREN ALTÄRE DER MACHT – FREIMAURER, KABBALAH UND OKKULTE ELITE 171

TAG 38: GEBÄRMUTTERBÜNDE & WASSERKÖNIGREICHE – WENN DAS SCHICKSAL VOR DER GEBURT BESCHMUTZT WIRD 175

TAG 39: WASSERGETAUFT IN DIE KNECHTSCHAFT – WIE KINDER, INITIALEN UND UNSICHTBARE BÜNDNISSE TÜREN ÖFFNEN 180

TAG 40: VOM BEFREITETEN ZUM BEFREIER – DEIN SCHMERZ IST DEINE ORDINATION 185

360° TÄGLICHE ERKLÄRUNG DER BEFREIUNG UND HERRSCHAFT – Teil 1 188

360° TÄGLICHE ERKLÄRUNG DER BEFREIUNG UND HERRSCHAFT – Teil 2 190
360° TÄGLICHE ERKLÄRUNG DER BEFREIUNG UND HERRSCHAFT - Teil 3 194
FAZIT: VOM ÜBERLEBEN ZUR SOHNSCHAFT – FREI BLEIBEN, FREI LEBEN, ANDERE FREI LASSEN 198
Wie man wiedergeboren wird und ein neues Leben mit Christus beginnt 201
Mein Erlösungsmoment 203
Zertifikat des neuen Lebens in Christus 204
VERBINDEN SIE SICH MIT GOD'S EAGLE MINISTRIES 206
EMPFOHLENE BÜCHER UND RESSOURCEN 208
ANHANG 1: Gebet zur Erkennung verborgener Hexerei, okkulter Praktiken oder seltsamer Altäre in der Kirche 222
ANHANG 2: Protokoll zum Medienverzicht und zur Medienreinigung 223
ANHANG 3: Freimaurerei, Kabbala, Kundalini, Hexerei, Okkultes Entsagungsskript 224
ANHANG 4: Anleitung zur Aktivierung des Salböls 226
ANHANG 6: Videoressourcen mit Zeugnissen für spirituelles Wachstum 227
LETZTE WARNUNG: Damit können Sie nicht spielen 228

Copyright-Seite

VON DER DUNKELHEIT ZUR HERRSCHAFT: 40 Tage, um sich aus dem verborgenen Griff der Dunkelheit zu befreien – Ein globales Andachtsbuch des Bewusstseins, der Befreiung und der Kraft

von Zacharias Godseagle , Comfort Ladi Ogbe & Botschafter Montag O. Ogbe

Copyright © 2025 von **Zacharias Godseagle und God's Eagle Ministries – GEM.**

Alle Rechte vorbehalten.

Kein Teil dieser Veröffentlichung darf ohne vorherige schriftliche Genehmigung des Herausgebers reproduziert, in einem Datenabfragesystem gespeichert oder in irgendeiner Form oder mit irgendwelchen Mitteln – elektronisch, mechanisch, durch Fotokopieren, Aufzeichnen, Scannen oder auf andere Weise – übertragen werden, außer im Falle kurzer Zitate in kritischen Artikeln oder Rezensionen.

Bei diesem Buch handelt es sich um Sachbücher und Andachtsromane. Aus Datenschutzgründen wurden einige Namen und identifizierende Angaben gegebenenfalls geändert.

Die Bibelstellen stammen aus:

- *New Living Translation (NLT)* , © 1996, 2004, 2015 von der Tyndale House Foundation. Verwendung mit Genehmigung. Alle Rechte vorbehalten.

Coverdesign von GEM TEAM
Innenarchitektur von GEM TEAM
Veröffentlicht von:
Zacharias Godseagle & God's Eagle Ministries – GEM
www.otakada.org [1] | ambassador@otakada.org
Erste Ausgabe, 2025

---

1. http://www.otakada.org

Gedruckt in den Vereinigten Staaten von Amerika

Über das Buch – VON DER DUNKELHEIT ZUR HERRSCHAFT

VON DER DUNKELHEIT ZUR HERRSCHAFT: 40 Tage, um sich aus dem verborgenen Griff der Dunkelheit zu befreien – *Ein globales Andachtsbuch des Bewusstseins, der Befreiung und der Kraft – für Einzelpersonen, Familien und Nationen, die bereit sind, frei zu sein* ist nicht nur ein Andachtsbuch – es ist eine 40-tägige globale Befreiungsbegegnung für **Präsidenten, Premierminister, Pastoren, Kirchenmitarbeiter, CEOs, Eltern, Teenager und jeden Gläubigen,** der sich weigert, in stiller Niederlage zu leben.

Dieses kraftvolle 40-tägige Andachtsbuch befasst sich mit *spiritueller Kriegsführung, der Befreiung von Ahnenaltären, dem Brechen von Seelenbanden, okkulter Enthüllung und weltweiten Zeugnissen von Ex-Hexen, ehemaligen Satanisten* und jenen, die die Mächte der Finsternis überwunden haben.

Ob Sie **ein Land führen**, **Pfarrer einer Kirche sind**, **ein Unternehmen leiten** oder **im Gebetszimmer für Ihre Familie kämpfen**, dieses Buch wird das Verborgene ans Licht bringen, das Ignorierte konfrontieren und Ihnen die Kraft geben, sich zu befreien.

Eine 40-tägige globale Andacht des Bewusstseins, der Erlösung und der Kraft

Auf diesen Seiten werden Sie mit Folgendem konfrontiert:

- Blutlinienflüche und Ahnenbündnisse
- Geisterpartner, Meeresgeister und astrale Manipulation
- Freimaurerei, Kabbala, Kundalini-Erwachen und Hexenaltäre
- Kinderweihen, pränatale Initiationen und dämonische Träger
- Medieninfiltration, sexuelles Trauma und Seelenfragmentierung

- Geheimgesellschaften, dämonische KI und falsche Erweckungsbewegungen

Jeder Tag beinhaltet:
– *Eine wahre Geschichte oder ein globales Muster*
– *Erkenntnisse aus der Heiligen Schrift*
– *Gruppen- und persönliche Anwendungen*
– *Befreiungsgebet + Reflexionstagebuch*
Dieses Buch ist für Sie, wenn Sie:

- Ein **Präsident oder Politiker,** der spirituelle Klarheit und Schutz für Ihr Land sucht
- Ein **Pastor, Fürsprecher oder Kirchenmitarbeiter,** der gegen unsichtbare Kräfte kämpft, die Wachstum und Reinheit verhindern
- Ein **CEO oder Unternehmensleiter,** der unerklärlichen Kriegshandlungen und Sabotage ausgesetzt ist
- Ein **Teenager oder Student,** der von Träumen, Qualen oder seltsamen Ereignissen geplagt wird
- Ein **Elternteil oder Betreuer** bemerkt spirituelle Muster in Ihrer Blutlinie
- Ein **christlicher Führer**, der endlose Gebetszyklen ohne Durchbruch satt hat
- Oder einfach ein **Gläubiger, der bereit ist, vom Überleben zur siegreichen Herrschaft überzugehen**

Warum dieses Buch?
Denn in einer Zeit, in der die Dunkelheit die Maske des Lichts trägt, **ist Erlösung keine Option mehr**.
Und **die Macht gehört den Informierten, den Ausgerüsteten und den Ergebenen**.
Geschrieben von Zacharias Godseagle, Botschafter Monday O. Ogbe und Comfort Ladi Ogbe, das ist mehr als nur eine Lehre – es ist ein **globaler Weckruf** an die Kirche, die Familie und die Nationen, sich zu erheben und zurückzuschlagen – nicht aus Angst, sondern mit **Weisheit und Autorität**.

Sie können nichts Jünger machen, was Sie nicht selbst weitergegeben haben. Und Sie können nicht herrschen, bis Sie sich aus dem Griff der Dunkelheit befreit haben.

Durchbrechen Sie den Kreislauf. Stellen Sie sich dem Verborgenen. Nehmen Sie Ihr Schicksal zurück – Tag für Tag.

Text auf der Rückseite

VON DER DUNKELHEIT ZUR HERRSCHAFT
40 Tage, um sich aus dem verborgenen Griff der Dunkelheit zu befreien.

Ein globales Andachtsbuch für Bewusstsein, Befreiung und Kraft.

Sind Sie **Präsident**, **Pastor**, **Elternteil** oder **betender Gläubiger**, der sich verzweifelt nach dauerhafter Freiheit und Durchbruch sehnt?

Dies ist nicht nur ein Andachtsbuch. Es ist eine 40-tägige Reise um die Welt durch die unsichtbaren Schlachtfelder von **Ahnenbündnissen, okkulter Knechtschaft, Meeresgeistern, Seelenfragmentierung, Medieninfiltration und vielem mehr**. Jeder Tag offenbart wahre Zeugnisse, globale Manifestationen und umsetzbare Befreiungsstrategien.

Sie werden Folgendes entdecken:

- Wie spirituelle Tore geöffnet werden – und wie man sie schließt
- Die verborgenen Wurzeln wiederholter Verzögerung, Qual und Knechtschaft
- Kraftvolle tägliche Gebete, Reflexionen und Gruppenanwendungen
- **die Herrschaft** eintritt, nicht nur in die Befreiung

Von **Hexenaltären** in Afrika bis hin zu **New-Age-Täuschungen** in Nordamerika ... von **Geheimgesellschaften** in Europa bis hin zu **Blutspenden** in Lateinamerika – **dieses Buch deckt alles auf**.

„VON DER DUNKELHEIT ZUR HERRSCHAFT" ist Ihr Fahrplan in die Freiheit, geschrieben für **Pastoren, Führungskräfte, Familien, Jugendliche, Berufstätige, CEOs** und alle, die es satt haben, durch den Krieg zu radeln, ohne ihn zu gewinnen.

„Du kannst nichts Jünger machen, was du nicht selbst geliefert hast. Und du kannst nicht herrschen, bis du dich aus dem Griff der Dunkelheit befreit hast."

Ein-Absatz-Medienwerbung (Presse/E-Mail/Werbetext)

Der Dunkelheit zur Herrschaft: 40 Tage, um sich aus dem Griff der Dunkelheit zu befreien, ist ein globales Andachtsbuch, das enthüllt, wie der Feind durch Altäre, Blutlinien, Geheimgesellschaften, okkulte Rituale und alltägliche Kompromisse in Leben, Familien und Nationen eindringt. Mit Geschichten von allen Kontinenten und kampferprobten Befreiungsstrategien richtet sich dieses Buch an Präsidenten und Pastoren, CEOs und Teenager, Hausfrauen und spirituelle Krieger – an alle, die sich verzweifelt nach dauerhafter Freiheit sehnen. Es ist nicht nur zum Lesen – es sprengt Ketten.

Vorgeschlagene Tags

- Befreiungsandacht
- spirituelle Kriegsführung
- Ex-okkulte Zeugnisse
- Gebet und Fasten
- Generationenflüche brechen
- Freiheit von der Dunkelheit
- Christliche spirituelle Autorität
- Meeresgeister
- Kundalini-Täuschung
- Geheimgesellschaften entlarvt
- 40 Tage Lieferzeit

 # Hashtags für Kampagnen
#DarknessToDominion
#DeliveranceDevotional
#BreakTheChains

#FreiheitDurchChristus
#GlobalAwakening
#HiddenBattlesExposed
#BetenUmFreizubrechen
#SpiritualWarfareBook
#VonDerDunkelheitZumLicht
#Königreichsautorität
#KeineBondageMehr
#ExOccultTestimonies
#KundaliniWarnung
#MarineSpiritsExposed
#40TageFreiheit

Hingabe

Demjenigen, der uns aus der Dunkelheit in sein wunderbares Licht gerufen hat –
Jesus Christus, unserem Erlöser, Lichtbringer und König der Herrlichkeit.

An jede Seele, die in der Stille schreit – gefangen in unsichtbaren Ketten, verfolgt von Träumen, gequält von Stimmen und im Kampf gegen die Dunkelheit an Orten, wo niemand sie sieht – diese Reise ist für Sie.

An die **Pastoren**, **Fürsprecher** und **Wächter auf der Mauer**,

an die **Mütter**, die die ganze Nacht beten, und die **Väter**, die sich weigern aufzugeben,

an den **kleinen Jungen**, der zu viel sieht, und das **kleine Mädchen**, das zu früh vom Bösen gezeichnet wird,

an die **CEOs**, **Präsidenten** und **Entscheidungsträger,** die hinter der öffentlichen Macht eine unsichtbare Last tragen,

an den **Kirchenmitarbeiter, der** mit geheimer Knechtschaft kämpft, und den **spirituellen Krieger,** der es wagt, zurückzuschlagen –

dies ist euer Ruf, aufzustehen.

Und den Mutigen, die ihre Geschichten geteilt haben, danke ich. Eure Narben befreien nun andere.

Möge dieses Andachtsbuch einen Weg durch die Schatten erleuchten und viele zu Herrschaft, Heilung und heiligem Feuer führen.

Du bist nicht vergessen. Du bist nicht machtlos. Du wurdest für die Freiheit geboren.

— *Zacharias Godseagle, Botschafter Monday O. Ogbe & Comfort Ladi Ogbe*

Danksagung

Zuallererst danken wir **Gott, dem Allmächtigen – Vater, Sohn und Heiliger Geist**, dem Urheber des Lichts und der Wahrheit, der uns die Augen für die unsichtbaren Kämpfe hinter verschlossenen Türen, Schleiern, Kanzeln und Rednern geöffnet hat. Jesus Christus, unserem Erlöser und König, geben wir alle Ehre.

An die mutigen Männer und Frauen auf der ganzen Welt, die ihre Geschichten von Qualen, Triumphen und Transformationen geteilt haben – euer Mut hat eine globale Welle der Freiheit ausgelöst. Danke, dass ihr das Schweigen gebrochen habt.

Den Geistlichen und Wächtern auf der Mauer, die im Verborgenen gearbeitet haben – lehrend, Fürsprache haltend, befreiend und erkennend –, danken wir für ihre Beharrlichkeit. Ihr Gehorsam zerstört weiterhin Festungen und entlarvt Täuschungen in hohen Positionen.

An unsere Familien, Gebetspartner und Unterstützungsteams, die uns beigestanden haben, als wir uns durch die spirituellen Trümmer gegraben haben, um die Wahrheit ans Licht zu bringen – vielen Dank für Ihren unerschütterlichen Glauben und Ihre Geduld.

An die Forscher, YouTube-Zeugenaussagen, Whistleblower und Königreichskämpfer, die über ihre Plattformen die Dunkelheit ans Licht bringen: Ihr Mut hat dieser Arbeit Einsichten, Offenbarungen und Dringlichkeit verliehen.

An den **Leib Christi**: Dieses Buch gehört auch Ihnen. Möge es in Ihnen den heiligen Entschluss wecken, wachsam, kritisch und furchtlos zu sein. Wir schreiben nicht als Experten, sondern als Zeugen. Wir stehen nicht als Richter da, sondern als Erlöste.

Und schließlich an die **Leser dieser Andacht** – Suchende, Krieger, Pastoren, Befreiungsgeistliche, Überlebende und Wahrheitsliebhaber aus allen

Nationen – möge jede Seite Sie befähigen, sich zu bewegen **Von Dunkelheit zur Herrschaft**.
  – **Zacharias Godseagle**
  – **Botschafter Monday O. Ogbe**
  – **Comfort Ladi Ogbe**

An den Leser

Dies ist nicht nur ein Buch. Es ist ein Aufruf.

Ein Aufruf, das lange Verborgene zu entdecken – sich den unsichtbaren Kräften zu stellen, die Generationen, Systeme und Seelen formen. Ob Sie ein **junger Suchender sind**, ein **Pastor, der von Kämpfen gezeichnet ist, die Sie nicht benennen können**, ein **Wirtschaftsführer, der mit Nachtangst kämpft**, oder ein **Staatsoberhaupt, das der unerbittlichen nationalen Dunkelheit gegenübersteht** – dieses Andachtsbuch ist Ihr **Führer aus den Schatten**.

An den **Einzelnen**: Sie sind nicht verrückt. Was Sie spüren – in Ihren Träumen, Ihrer Atmosphäre, Ihrer Blutlinie – kann tatsächlich spirituell sein. Gott ist nicht nur ein Heiler; er ist ein Erlöser.

An die **Familie**: Diese 40-tägige Reise wird Ihnen dabei helfen, Muster zu erkennen, die Ihre Blutlinie seit langem quälen – Sucht, vorzeitiger Tod, Scheidung, Unfruchtbarkeit, seelische Qualen, plötzliche Armut – und Ihnen die Mittel an die Hand geben, diese zu durchbrechen.

An **Kirchenführer und Pastoren**: Möge dies zu tieferer Einsicht und Mut führen, sich der geistigen Welt von der Kanzel aus zu stellen, nicht nur vom Podium aus. Erlösung ist keine Option. Sie ist Teil des Missionsbefehls.

An **CEOs, Unternehmer und Fachleute**: Auch in Vorstandsetagen gelten spirituelle Bündnisse. Widmen Sie Ihr Unternehmen Gott. Reißen Sie Ahnenaltäre nieder, die als Geschäftsglück, Blutspende oder die Gunst der Freimaurer getarnt sind. Bauen Sie mit sauberen Händen.

An die **Wächter und Fürsprecher**: Ihre Wachsamkeit war nicht umsonst. Diese Ressource ist eine Waffe in Ihren Händen – für Ihre Stadt, Ihre Region, Ihre Nation.

An **alle Präsidenten und Premierminister**, falls dies jemals auf Ihrem Schreibtisch landet: Nationen werden nicht nur durch Politik regiert. Sie werden durch Altäre regiert – im Geheimen oder öffentlich. Solange die verborgenen Grundlagen nicht angegangen werden, wird der Frieden unerreichbar bleiben. Möge diese Andacht Sie zu einer Generationenreform anregen.

An den **jungen Mann oder die junge Frau,** die dies in einem Moment der Verzweiflung lesen: Gott sieht Sie. Er hat Sie auserwählt. Und er zieht Sie heraus – für immer.

Dies ist Ihre Reise. Ein Tag nach dem anderen. Eine Kette nach der anderen.

Von der Dunkelheit zur Herrschaft – es ist Ihre Zeit.

So verwenden Sie dieses Buch

VON DER DUNKELHEIT ZUR HERRSCHAFT: 40 Tage, um sich aus dem Griff der Dunkelheit zu befreien, ist mehr als ein Andachtsbuch – es ist ein Befreiungshandbuch, eine spirituelle Entgiftung und ein Bootcamp für den Kampf. Ob Sie es allein, in einer Gruppe, in der Kirche oder als Leiter lesen – hier erfahren Sie, wie Sie das Beste aus dieser kraftvollen 40-tägigen Reise herausholen:

Tagesrhythmus

Jeder Tag folgt einer einheitlichen Struktur, die Ihnen hilft, Geist, Seele und Körper zu aktivieren:

- **Hauptandachtslehre** – Ein offenbarendes Thema, das verborgene Dunkelheit enthüllt.
- **Globaler Kontext** – Wie sich diese Festung auf der ganzen Welt manifestiert.
- **Geschichten aus dem wahren Leben** – Wahre Befreiungserlebnisse aus verschiedenen Kulturen.
- **Aktionsplan** – Persönliche spirituelle Übungen, Entsagung oder Erklärungen.
- **Gruppenanwendung** – Zur Verwendung in kleinen Gruppen, Familien, Kirchen oder Befreiungsteams.
- **Wichtige Erkenntnis** – Eine destillierte Erkenntnis zum Erinnern und Beten.
- **Reflexionsjournal** – Herzensfragen, um jede Wahrheit gründlich zu verarbeiten.
- **Gebet der Befreiung** – Gezieltes Gebet zur spirituellen Kriegsführung, um Festungen zu zerstören.

Was du brauchen wirst

- Deine **Bibel**
- Ein **spezielles Tagebuch oder Notizbuch**
- **Salböl** (optional, aber kraftvoll während des Gebets)
- Bereitschaft zu **fasten und zu beten,** wie der Geist es uns eingibt
- **Verantwortlichkeitspartner oder Gebetsteam** für schwerere Fälle

Verwendung mit Gruppen oder Kirchen

- Treffen Sie sich **täglich oder wöchentlich,** um Erkenntnisse auszutauschen und gemeinsam Gebete zu sprechen.
- **Reflexionsjournal** vor den Gruppensitzungen auszufüllen .
- Verwenden Sie den Abschnitt **„Gruppenanwendung"** , um Diskussionen, Beichten oder gemeinsame Befreiungsmomente anzuregen.
- Bestimmen Sie geschulte Leiter für den Umgang mit intensiveren Manifestationen.

Für Pastoren, Leiter und Befreiungsgeistliche

- Unterrichten Sie die täglichen Themen von der Kanzel oder in Befreiungsschulen.
- Geben Sie Ihrem Team die Möglichkeit, dieses Andachtsbuch als Beratungsleitfaden zu verwenden.
- Passen Sie Abschnitte nach Bedarf für spirituelle Planung, Erweckungsversammlungen oder Gebetsaktionen in der Stadt an.

Anhänge zum Erkunden
Am Ende des Buches finden Sie leistungsstarke Bonusressourcen, darunter:

1. **Tägliche Erklärung der vollständigen Befreiung** – Sprechen Sie dies jeden Morgen und Abend laut aus.
2. **Leitfaden zum Medienverzicht** – Entgiften Sie Ihr Leben von der spirituellen Kontamination durch Unterhaltung.

3. **Gebet zum Erkennen verborgener Altäre in Kirchen** – Für Fürsprecher und Kirchenmitarbeiter.
4. **Freimaurerei, Kabbala, Kundalini und okkultes Entsagungsprogramm** – Kraftvolle Bußgebete.
5. **Checkliste für die Massenbefreiung** – Verwendung bei Kreuzzügen, Hausgemeinschaften oder persönlichen Exerzitien.
6. **Videolinks zu Zeugenaussagen**

Vorwort

Es gibt einen Krieg – unsichtbar, unausgesprochen, aber äußerst real – der um die Seelen von Männern, Frauen, Kindern, Familien, Gemeinschaften und Nationen tobt.

Dieses Buch entstand nicht aus der Theorie, sondern aus dem Feuer. Aus weinenden Räumen der Befreiung. Aus Zeugnissen, die im Schatten geflüstert und von den Dächern geschrien wurden. Aus tiefem Studium, weltweiter Fürbitte und einer heiligen Frustration über ein oberflächliches Christentum, das es nicht schafft, sich mit den **Wurzeln der Dunkelheit auseinanderzusetzen**, die die Gläubigen noch immer umgarnt.

Zu viele Menschen haben sich dem Kreuz zugewandt, schleppen aber immer noch ihre Ketten mit sich. Zu viele Pastoren predigen Freiheit, während sie insgeheim von Dämonen der Lust, Angst oder der Bündnisse der Vorfahren gequält werden. Zu viele Familien stecken in einem Teufelskreis fest – aus Armut, Perversion, Sucht, Unfruchtbarkeit und Scham – und **wissen nicht, warum**. Und viel zu viele Kirchen vermeiden es, über Dämonen, Hexerei, Blutaltäre oder Erlösung zu sprechen, weil es „zu intensiv" sei.

Aber Jesus ist der Dunkelheit nicht aus dem Weg gegangen – er **hat sich ihr gestellt**.

Er hat Dämonen nicht ignoriert – er **hat sie ausgetrieben**.

Und er ist nicht gestorben, um Ihnen zu vergeben – er ist gestorben, um **Sie zu befreien**.

Dieses 40-tägige globale Andachtsbuch ist kein oberflächliches Bibelstudium. Es ist ein **spiritueller Operationssaal**. Ein Tagebuch der Freiheit. Eine Karte aus der Hölle für alle, die sich zwischen Erlösung und wahrer Freiheit gefangen fühlen. Ob Sie ein Teenager sind, der von Pornografie gefesselt ist, eine First Lady, die von Schlangenträumen geplagt wird, ein Premierminister, der von Schuldgefühlen gegenüber seinen Vorfahren gequält wird, ein Prophet, der geheime Bindungen verbirgt, oder ein Kind, das aus dämonischen Träumen erwacht – diese Reise ist für Sie.

Sie werden Geschichten aus aller Welt finden – aus Afrika, Asien, Europa, Nord- und Südamerika – die alle eine Wahrheit bestätigen: **Der Teufel kennt keine Ansehen der Person** . Aber Gott auch nicht. Und was er für andere getan hat, kann er auch für Sie tun.

Dieses Buch ist geschrieben für:

- **Personen,** die persönliche Erlösung suchen
- **Familien,** die eine generationsübergreifende Heilung benötigen
- **Pastoren** und Kirchenmitarbeiter, die ausgerüstet werden müssen
- **Wirtschaftsführer** im spirituellen Kampf in hohen Positionen
- **Nationen** schreien nach wahrer Erweckung
- **Jugendliche** , die unwissentlich Türen geöffnet haben
- **Befreiungsminister** , die Struktur und Strategie brauchen
- Und selbst **diejenigen, die nicht an Dämonen glauben** – bis sie ihre eigene Geschichte auf diesen Seiten lesen

Sie werden gefordert. Sie werden herausgefordert. Aber wenn Sie auf dem Weg bleiben, werden auch Sie **sich verändern** .

Sie werden sich nicht nur befreien.

Sie werden **die Herrschaft übernehmen** .

Lasst uns beginnen.

— *Zacharias Godseagle , Botschafter Monday O. Ogbe und Comfort Ladi Ogbe*

Vorwort

Es herrscht Bewegung in den Nationen. Ein Beben im Geistigen Reich. Von den Kanzeln bis zu den Parlamenten, von den Wohnzimmern bis zu den Untergrundkirchen – überall wird den Menschen eine erschreckende Wahrheit bewusst: Wir haben die Reichweite des Feindes unterschätzt – und wir haben die Autorität, die wir in Christus besitzen, missverstanden.

„From Darkness to Dominion" ist nicht nur ein Andachtsbuch; es ist ein Weckruf. Ein prophetisches Handbuch. Ein Rettungsanker für die Gequälten, die Gebundenen und die aufrichtigen Gläubigen, die sich fragen: „Warum liege ich noch immer in Ketten?"

Als Zeuge von Erweckung und Befreiung in verschiedenen Ländern weiß ich aus erster Hand, dass es der Kirche nicht an Wissen mangelt – es mangelt uns an spirituellem **Bewusstsein**, **Mut** und **Disziplin**. Dieses Werk schließt diese Lücke. Es verbindet Zeugnisse aus aller Welt, knallharte Wahrheiten, praktisches Handeln und die Kraft des Kreuzes zu einer 40-tägigen Reise, die den Staub aus schlummernden Leben rüttelt und in den Müden neues Feuer entfacht.

Für den Pastor, der es wagt, sich den Altären zu stellen, für den jungen Erwachsenen, der im Stillen gegen dämonische Träume kämpft, für den Geschäftsinhaber, der in unsichtbare Bündnisse verstrickt ist, und für den Leiter, der weiß, dass *spirituell etwas nicht stimmt,* es aber nicht benennen kann – dieses Buch ist für Sie.

Ich bitte Sie dringend, es nicht passiv zu lesen. Lassen Sie jede Seite Ihren Geist anregen. Lassen Sie jede Geschichte einen Krieg entfachen. Lassen Sie jede Erklärung Ihren Mund trainieren, mit Feuer zu sprechen. Und wenn Sie diese 40 Tage durchlebt haben, feiern Sie nicht nur Ihre Freiheit – werden Sie zum Gefäß für die Freiheit anderer.

Denn wahre Herrschaft bedeutet nicht nur, der Dunkelheit zu entkommen.

Sie bedeutet, umzukehren und andere ins Licht zu ziehen.

In der Autorität und Macht Christi,
Botschafter Ogbe

Einführung

VON DER DUNKELHEIT ZUR HERRSCHAFT: „40 Tage, um sich aus dem verborgenen Griff der Dunkelheit zu befreien" ist nicht nur ein weiteres Andachtsbuch – es ist ein globaler Weckruf.

Überall auf der Welt – von ländlichen Dörfern bis zu Präsidentenpalästen, von Kirchenaltären bis zu Vorstandsetagen – schreien Männer und Frauen nach Freiheit. Nicht nur nach Erlösung. **Befreiung. Klarheit. Durchbruch. Ganzheit. Frieden. Kraft.**

Aber die Wahrheit ist: Was man toleriert, kann man nicht verwerfen. Was man nicht sieht, kann man nicht loswerden. Dieses Buch ist Ihr Licht in dieser Dunkelheit.

40 Tage lang werden Sie durch Lehren, Geschichten, Zeugnisse und strategische Aktionen geführt, die die verborgenen Machenschaften der Dunkelheit aufdecken und Ihnen die Kraft geben, sie zu überwinden – mit Geist, Seele und Körper.

Egal, ob Sie Pastor, CEO, Missionar, Fürsprecher, Teenager, Mutter oder Staatsoberhaupt sind, der Inhalt dieses Buches wird Sie konfrontieren. Nicht, um Sie zu beschämen – sondern um Sie zu befreien und Sie darauf vorzubereiten, andere in die Freiheit zu führen.

Dies ist ein **weltweites Andachtsbuch der Erkenntnis, Erlösung und Kraft** – verwurzelt in der Heiligen Schrift, geschärft durch Berichte aus dem wahren Leben und getränkt im Blut Jesu.

So verwenden Sie dieses Andachtsbuch

1. **Beginnen Sie mit den fünf grundlegenden Kapiteln**
   . Diese Kapitel legen den Grundstein. Überspringen Sie sie nicht. Sie helfen Ihnen, die spirituelle Architektur der Dunkelheit und die Autorität zu verstehen, die Ihnen gegeben wurde, um sich darüber zu erheben.

2. **Gehen Sie jeden Tag bewusst durch.**
   Jeder tägliche Eintrag enthält ein Schwerpunktthema, globale Erscheinungsformen, eine wahre Geschichte, Bibelstellen, einen Aktionsplan, Ideen für die Gruppenanwendung, wichtige Erkenntnisse, Tagebuchanregungen und ein kraftvolles Gebet.
3. **Schließen Sie jeden Tag mit der täglichen 360°-Erklärung ab**
   . Diese kraftvolle Erklärung am Ende dieses Buches soll Ihre Freiheit stärken und Ihre spirituellen Tore schützen.
4. **Verwenden Sie es allein oder in Gruppen.**
   Egal, ob Sie dies einzeln oder in einer Gruppe, einer Hausgemeinschaft, einem Fürbitteteam oder einem Befreiungsdienst durchgehen – lassen Sie den Heiligen Geist das Tempo bestimmen und den Schlachtplan personalisieren.
5. **Rechnen Sie mit Widerstand – und**
   es wird Durchbruch geben. Aber auch mit Freiheit. Befreiung ist ein Prozess, und Jesus ist entschlossen, Sie dabei zu begleiten.

GRUNDLEGENDE KAPITEL (Vor Tag 1 lesen)

1. Ursprünge des Dunklen Königreichs

Von Luzifers Rebellion bis zum Aufkommen dämonischer Hierarchien und territorialer Geister zeichnet dieses Kapitel die biblische und spirituelle Geschichte der Dunkelheit nach. Wenn Sie verstehen, wo sie ihren Ursprung hat, können Sie ihre Wirkungsweise besser verstehen.

2. Wie das Dunkle Königreich heute funktioniert

Von Bündnissen und Blutopfern bis hin zu Altären, Meeresgeistern und technologischer Infiltration enthüllt dieses Kapitel die modernen Gesichter antiker Geister – und zeigt, wie Medien, Trends und sogar Religion als Tarnung dienen können.

3. Einstiegspunkte: Wie Menschen süchtig werden

Niemand wird zufällig in Knechtschaft geboren. Dieses Kapitel untersucht Zugänge wie Traumata, Ahnenaltäre, Hexerei, Seelenbande, okkulte Neugier, Freimaurerei, falsche Spiritualität und kulturelle Praktiken.

4. Manifestationen: Von der Besessenheit zur Obsession

Wie sieht Knechtschaft aus? Von Albträumen über Verzögerungen bei der Eheschließung, Unfruchtbarkeit, Sucht, Wut bis hin zu „heiligem Gelächter"

– dieses Kapitel enthüllt, wie sich Dämonen als Probleme, Gaben oder Persönlichkeiten tarnen.

5. Die Macht des Wortes: Autorität der Gläubigen

Bevor wir den 40-tägigen Kampf beginnen, müssen Sie Ihre Rechte in Christus verstehen. Dieses Kapitel rüstet Sie mit geistlichen Gesetzen, Waffen, biblischen Protokollen und der Sprache der Erlösung aus.

EINE LETZTE ERMUTIGUNG, BEVOR SIE BEGINNEN

Gott ruft Sie nicht dazu auf, die Dunkelheit zu *beherrschen* .

Er ruft Sie dazu auf, sie zu **beherrschen** .

Nicht durch Macht, nicht durch Kraft, sondern durch seinen Geist.

Lassen Sie die nächsten 40 Tage mehr sein als nur eine Andacht.

Lassen Sie sie eine Beerdigung für jeden Altar sein, der Sie einst kontrollierte ... und eine Krönung in das Schicksal, das Gott für Sie bestimmt hat.

Ihre Reise zur Herrschaft beginnt jetzt.

KAPITEL 1: URSPRÜNGE DES DUNKLEN KÖNIGREICHS

„*Denn wir haben nicht mit Menschen aus Fleisch und Blut zu kämpfen, sondern mit Mächten und Gewalten, mit den Weltbeherrschern dieser Finsternis, mit den bösen Geistern in den himmlischen Regionen.*" – Epheser 6:12

Lange bevor die Menschheit die Bühne der Zeit betrat, brach im Himmel ein unsichtbarer Krieg aus. Es war kein Krieg mit Schwertern oder Gewehren, sondern ein Krieg der Rebellion – ein Hochverrat an der Heiligkeit und Autorität des Allerhöchsten . Die Bibel enthüllt dieses Geheimnis anhand verschiedener Passagen, die auf den Fall eines der schönsten Engel Gottes hinweisen – **Luzifer** , des Strahlenden –, der es wagte, sich über den Thron Gottes zu erheben (Jesaja 14, 12–15; Hesekiel 28, 12–17).

Aus dieser kosmischen Rebellion entstand das **Dunkle Königreich** – ein Reich des spirituellen Widerstands und der Täuschung, bestehend aus gefallenen Engeln (jetzt Dämonen), Fürstentümern und Mächten, die sich gegen Gottes Willen und Gottes Volk verbündet haben.

Der Fall und die Entstehung der Dunkelheit

LUZIFER WAR NICHT IMMER böse. Er wurde in vollkommener Weisheit und Schönheit erschaffen. Doch Stolz drang in sein Herz ein, und aus Stolz wurde Rebellion. Er verführte ein Drittel der himmlischen Engel, ihm zu folgen (Offenbarung 12,4), und sie wurden aus dem Himmel verbannt. Ihr Hass auf die Menschheit wurzelt in Eifersucht – weil die Menschheit nach Gottes Ebenbild geschaffen und mit der Herrschaft betraut wurde.

So begann der Krieg zwischen dem **Königreich des Lichts** und dem **Königreich der Dunkelheit** – ein unsichtbarer Konflikt, der jede Seele, jedes Zuhause und jede Nation berührt.

Der globale Ausdruck des Dunklen Königreichs

OBWOHL UNSICHTBAR, ist der Einfluss dieses dunklen Königreichs tief verwurzelt in:

- **Kulturelle Traditionen** (Ahnenverehrung, Blutopfer, Geheimgesellschaften)
- **Unterhaltung** (unterschwellige Botschaften, okkulte Musik und Shows)
- **Regierungsführung** (Korruption, Blutpakte, Eide)
- **Technologie** (Werkzeuge für Sucht, Kontrolle, Gedankenmanipulation)
- **Bildung** (Humanismus, Relativismus, falsche Aufklärung)

Von afrikanischem Juju bis zur westlichen New-Age-Mystik, von der Dschinn-Verehrung im Nahen Osten bis zum südamerikanischen Schamanismus: Die Formen unterscheiden sich, aber der **Geist ist derselbe** – Täuschung, Beherrschung und Zerstörung.

Warum dieses Buch jetzt wichtig ist

SATANS GRÖSSTER TRICK besteht darin, die Menschen glauben zu machen, dass er nicht existiert – oder schlimmer noch, dass seine Methoden harmlos sind.

Dieses Andachtsbuch ist ein **Handbuch zur spirituellen Intelligenz** – es lüftet den Schleier, deckt seine Pläne auf und befähigt Gläubige auf allen Kontinenten dazu:

- Einstiegspunkte **erkennen**
- **Verzichten Sie auf** verborgene Bündnisse
- Mit Autorität **Widerstand leisten**
- das Gestohlene **zurück**

Du wurdest in eine Schlacht hineingeboren

DIES IST KEIN ANDACHTSBUCH für schwache Nerven. Sie wurden auf einem Schlachtfeld geboren, nicht auf einem Spielplatz. Aber die gute Nachricht ist: **Jesus hat den Krieg bereits gewonnen!**

„Er hat die Mächte und Gewalten entwaffnet und sie öffentlich beschämt, indem er in ihm einen Triumph über sie errang." – Kolosser 2:15

Sie sind kein Opfer. Durch Christus sind Sie mehr als ein Eroberer. Lassen Sie uns die Dunkelheit entlarven – und mutig ins Licht gehen.

Wichtige Erkenntnisse

Der Ursprung der Dunkelheit ist Stolz, Rebellion und die Ablehnung der Herrschaft Gottes. Dieselben Samen wirken auch heute noch in den Herzen von Menschen und Systemen. Um den geistlichen Kampf zu verstehen, müssen wir zunächst verstehen, wie die Rebellion begann.

Reflexionsjournal

- Habe ich den spirituellen Kampf als Aberglauben abgetan?
- Welche kulturellen oder familiären Praktiken habe ich normalisiert, die möglicherweise mit einer alten Rebellion zusammenhängen?
- Verstehe ich wirklich den Krieg, in den ich hineingeboren wurde?

Gebet der Erleuchtung

Himmlischer Vater, offenbare mir die verborgenen Wurzeln der Rebellion um mich herum und in mir. Enthülle die Lügen der Finsternis, denen ich vielleicht unwissentlich aufgesessen bin. Lass deine Wahrheit in jeden dunklen Ort scheinen. Ich wähle das Königreich des Lichts. Ich entscheide mich, in Wahrheit, Kraft und Freiheit zu wandeln. Im Namen Jesu. Amen.

KAPITEL 2: WIE DAS DUNKLE KÖNIGREICH HEUTE FUNKTIONIERT

„*Damit wir nicht vom Satan überlistet werden; denn seine Anschläge sind uns nicht unbekannt.*" – 2. Korinther 2:11

Das Reich der Finsternis agiert nicht planlos. Es ist eine gut organisierte, tiefgründige spirituelle Infrastruktur, die militärische Strategien widerspiegelt. Ihr Ziel: Infiltration, Manipulation, Kontrolle und letztendlich Zerstörung. So wie das Reich Gottes Rang und Ordnung hat (Apostel, Propheten usw.), so hat auch das Reich der Finsternis Rang und Ordnung – mit Fürstentümern, Mächten, Herrschern der Finsternis und geistlicher Bosheit in den himmlischen Positionen (Epheser 6,12).

Das Dunkle Königreich ist kein Mythos. Es ist weder Folklore noch religiöser Aberglaube. Es ist ein unsichtbares, aber reales Netzwerk spiritueller Agenten, die Systeme, Menschen und sogar Kirchen manipulieren, um Satans Pläne umzusetzen. Während viele an Mistgabeln und rote Hörner denken, ist die tatsächliche Funktionsweise dieses Königreichs weitaus subtiler, systematischer und unheilvoller.

1. Täuschung ist ihre Währung

Der Feind handelt mit Lügen. Vom Garten Eden (Genesis 3) bis zu den heutigen Philosophien drehten sich Satans Taktiken stets darum, Zweifel an Gottes Wort zu säen. Heute zeigt sich die Täuschung in folgenden Formen:

- *New-Age-Lehren getarnt als Erleuchtung*
- *Okkulte Praktiken, getarnt als kultureller Stolz*
- *Hexerei wird in Musik, Filmen, Cartoons und Social-Media-Trends verherrlicht*

Menschen nehmen unbewusst an Ritualen teil oder konsumieren Medien, die ohne Unterscheidungsvermögen spirituelle Türen öffnen.

2. Hierarchische Struktur des Bösen

So wie im Reich Gottes Ordnung herrscht, so operiert das dunkle Reich nach einer festgelegten Hierarchie:

- **Fürstentümer** – Territoriale Geister, die Nationen und Regierungen beeinflussen
- **Mächte** – Agenten, die durch dämonische Systeme Bosheit durchsetzen
- **Herrscher der Finsternis** – Koordinatoren der geistigen Blindheit, des Götzendienstes und der falschen Religion
- **Spirituelle Bosheit in hohen Positionen** – Elite-Ebenen beeinflussen die globale Kultur, den Wohlstand und die Technologie

Jeder Dämon ist auf bestimmte Aufgaben spezialisiert – Angst, Sucht, sexuelle Perversion, Verwirrung, Stolz, Spaltung.

3. Instrumente der kulturellen Kontrolle

Der Teufel muss nicht mehr physisch erscheinen. Die Kultur übernimmt nun die Hauptarbeit. Seine heutigen Strategien umfassen:

- **Unterschwellige Botschaften:** Musik, Shows, Werbung voller versteckter Symbole und umgekehrter Botschaften
- **Desensibilisierung:** Wiederholte Konfrontation mit Sünden (Gewalt, Nacktheit, Obszönitäten), bis sie „normal" werden.
- **Techniken zur Gedankenkontrolle:** Durch Medienhypnose, emotionale Manipulation und süchtig machende Algorithmen

Dies ist kein Zufall. Es handelt sich um Strategien, die darauf abzielen, moralische Überzeugungen zu schwächen, Familien zu zerstören und die Wahrheit neu zu definieren.

4. Generationenvereinbarungen und Blutlinien

Durch Träume, Rituale, Widmungen oder Ahnenpakte werden viele Menschen unwissentlich mit der Dunkelheit in Verbindung gebracht. Satan macht sich Folgendes zunutze:

- Familienaltäre und Ahnenidole
- Namenszeremonien zur Anrufung von Geistern
- Geheime Familiensünden oder weitergegebene Flüche

Diese eröffnen rechtliche Gründe für Leiden, bis der Bund durch das Blut Jesu gebrochen wird.

5. Falsche Wunder, falsche Propheten

Das Dunkle Königreich liebt Religion – besonders wenn es ihr an Wahrheit und Macht mangelt. Falsche Propheten, verführerische Geister und gefälschte Wunder täuschen die Massen:

„Denn der Satan selbst verwandelt sich in einen Engel des Lichts." – 2. Korinther 11:14

Viele folgen heute Stimmen, die ihre Ohren kitzeln, ihre Seelen jedoch fesseln.

Wichtige Erkenntnisse

Der Teufel ist nicht immer laut – manchmal flüstert er durch Kompromisse. Die beste Taktik des Dunklen Königreichs besteht darin, die Menschen von ihrer Freiheit zu überzeugen, während sie selbst subtil versklavt werden.

Reflexionsjournal:

- Wo haben Sie diese Operationen in Ihrer Gemeinde oder Ihrem Land gesehen?
- Gibt es Shows, Musik, Apps oder Rituale, die Sie zur Normalität gemacht haben, die aber in Wirklichkeit Werkzeuge der Manipulation sein könnten?

Gebet der Erkenntnis und Reue:

Herr Jesus, öffne meine Augen, damit ich die Machenschaften des Feindes erkenne. Enthülle jede Lüge, die ich geglaubt habe. Vergib mir jede Tür, die ich bewusst oder unbewusst geöffnet habe. Ich breche den Bund mit der Finsternis und wähle Deine Wahrheit, Deine Macht und Deine Freiheit. Im Namen Jesu. Amen.

KAPITEL 3: EINSTIEGSPUNKTE – WIE MENSCHEN SÜCHTIG WERDEN

„*Gebt dem Teufel keinen Raum.*" – Epheser 4:27

In jeder Kultur, Generation und jedem Zuhause gibt es verborgene Öffnungen – Tore, durch die spirituelle Dunkelheit eindringt. Diese Eintrittspunkte mögen zunächst harmlos erscheinen: ein Kinderspiel, ein Familienritual, ein Buch, ein Film, ein ungelöstes Trauma. Doch sobald sie geöffnet sind, werden sie zum legalen Boden für dämonische Einflüsse.

Gemeinsame Einstiegspunkte

1. **Blutlinienbündnisse** – Eide, Rituale und Götzenanbetung der Vorfahren, die den Zugang zu bösen Geistern weitergeben.
2. **Frühe Konfrontation mit Okkultismus** – Wie in der Geschichte von *Lourdes Valdivia* aus Bolivien werden Kinder, die mit Hexerei, Spiritualismus oder okkulten Ritualen in Berührung kommen, häufig spirituell beeinträchtigt.
3. **Medien und Musik** – Lieder und Filme, die Dunkelheit, Sinnlichkeit oder Rebellion verherrlichen, können auf subtile Weise spirituellen Einfluss ausüben.
4. **Trauma und Missbrauch** – Sexueller Missbrauch, gewalttätige Traumata oder Ablehnung können die Seele für unterdrückende Geister öffnen.
5. **Sexuelle Sünde und Seelenbande** – Unerlaubte sexuelle Verbindungen führen oft zu spirituellen Bindungen und Geisterübertragungen.
6. **New Age und falsche Religion** – Kristalle, Yoga, Geistführer, Horoskope und „weiße Hexerei" sind verschleierte Einladungen.
7. **Bitterkeit und Unversöhnlichkeit** – Diese geben dämonischen

Geistern ein gesetzliches Recht auf Qual (siehe Matthäus 18:34).

Globales Zeugnis-Highlight: *Lourdes Valdivia (Bolivien)*

Mit nur sieben Jahren wurde Lourdes von ihrer Mutter, einer langjährigen Okkultistin, in die Hexerei eingeführt. Ihr Haus war voller Symbole, Knochen von Friedhöfen und Zauberbüchern. Sie erlebte Astralprojektionen, Stimmen und Qualen, bevor sie schließlich Jesus fand und befreit wurde. Ihre Geschichte ist eine von vielen – sie beweist, wie frühe Begegnung und generationsbedingte Einflüsse Türen zur spirituellen Knechtschaft öffnen.

Referenz zu größeren Heldentaten:

Geschichten darüber, wie Menschen durch „harmlose" Aktivitäten unwissentlich Türen öffneten – nur um dann in die Dunkelheit zu geraten – finden sich in *„Greater Exploits 14"* und *„Delivered from the Power of Darkness"* (siehe Anhang).

Wichtige Erkenntnisse

Der Feind dringt selten ins Innere ein. Er wartet darauf, dass eine Tür einen Spaltbreit geöffnet wird. Was sich unschuldig, ererbt oder unterhaltsam anfühlt, kann manchmal genau das Tor sein, das der Feind braucht.

Reflexionsjournal

- Welche Momente in meinem Leben könnten als spirituelle Einstiegspunkte gedient haben?
- Gibt es „harmlose" Traditionen oder Gegenstände, die ich loslassen muss?
- Muss ich auf etwas aus meiner Vergangenheit oder meiner Familie verzichten?

Gebet der Entsagung

Vater, ich schließe jede Tür, die ich oder meine Vorfahren der Dunkelheit geöffnet haben. Ich sage mich los von allen Vereinbarungen, Seelenbanden und jeglicher Verbindung mit allem Unheiligen. Ich zerbreche jede Kette durch das Blut Jesu. Ich erkläre, dass mein Körper, meine Seele und mein Geist allein Christus gehören. Im Namen Jesu. Amen.

KAPITEL 4: MANIFESTATIONEN – VON BESESSENHEIT ZUR BESESSENHEIT

„Wenn ein unreiner Geist aus einem Menschen ausfährt, durchstreift er dürre Orte, sucht Ruhe und findet sie nicht. Dann sagt er: ‚Ich will in das Haus zurückkehren, das ich verlassen habe.'" – Matthäus 12:43

Sobald ein Mensch unter den Einfluss des dunklen Königreichs gerät, variieren die Erscheinungsformen je nach dem Grad des gewährten dämonischen Zugangs. Der spirituelle Feind gibt sich nicht mit Besuchen zufrieden – sein ultimatives Ziel ist Besiedlung und Herrschaft.

Manifestationsebenen

1. **Einfluss** – Der Feind gewinnt Einfluss durch Gedanken, Emotionen und Entscheidungen.
2. **Unterdrückung** – Es gibt äußeren Druck, Schwere, Verwirrung und Qual.
3. **Besessenheit** – Die Person ist auf dunkle Gedanken oder zwanghaftes Verhalten fixiert.
4. **Besessenheit** – In seltenen, aber realen Fällen nehmen Dämonen Besitz von einer Person und setzen sich über deren Willen, Stimme oder Körper hinweg.

Der Grad der Manifestation hängt oft mit der Tiefe des spirituellen Kompromisses zusammen.

Globale Fallstudien zur Manifestation

- **Afrika:** Fälle von Geister-Ehemann/-Ehefrau, Wahnsinn, ritueller Knechtschaft.
- **Europa:** New-Age-Hypnose, Astralprojektion und

Gedankenfragmentierung.
- **Asien:** Seelenverwandte Vorfahren, Reinkarnationsfallen und Blutliniengelübde.
- **Südamerika:** Schamanismus, Geistführer, Sucht nach übersinnlichem Lesen.
- **Nordamerika:** Hexerei in den Medien, „harmlose" Horoskope, Einstiegspunkte zu Substanzen.
- **Naher Osten:** Begegnungen mit Dschinns, Blutschwüre und prophetische Fälschungen.

Jeder Kontinent präsentiert seine eigene Verkleidung desselben dämonischen Systems – und die Gläubigen müssen lernen, die Zeichen zu erkennen.

Häufige Symptome dämonischer Aktivität

- Wiederkehrende Albträume oder Schlaflähmung
- Stimmen oder seelische Qualen
- Zwanghafte Sünde und wiederholter Rückfall
- Unerklärliche Krankheiten, Angst oder Wut
- Übernatürliche Kraft oder Wissen
- Plötzliche Abneigung gegen spirituelle Dinge

Wichtige Erkenntnisse

Was wir als „geistige", „emotionale" oder „medizinische" Probleme bezeichnen, kann manchmal spiritueller Natur sein. Nicht immer – aber oft genug, sodass Unterscheidungsvermögen entscheidend ist.

Reflexionsjournal

- Habe ich wiederholte Kämpfe bemerkt, die spiritueller Natur zu sein scheinen?
- Gibt es in meiner Familie generationsübergreifende Muster der Zerstörung?
- Welche Art von Medien, Musik oder Beziehungen lasse ich in mein Leben?

Gebet der Entsagung

Herr Jesus, ich löse mich von allen verborgenen Vereinbarungen, offenen Türen und gottlosen Bündnissen in meinem Leben. Ich breche die Verbindung zu allem ab, was nicht von Dir ist – wissentlich oder unwissentlich. Ich lade das Feuer des Heiligen Geistes ein, jede Spur von Dunkelheit in meinem Leben zu verzehren. Befreie mich vollständig. In Deinem mächtigen Namen. Amen.

KAPITEL 5: DIE MACHT DES WORTES – DIE AUTORITÄT DER GLÄUBIGEN

„*Siehe, ich gebe euch die Macht, auf Schlangen und Skorpione zu treten, und über alle Gewalt des Feindes, und nichts wird euch irgendwie schaden.*" – Lukas 10:19 (KJV)

Viele Gläubige leben in Angst vor der Dunkelheit, weil sie das Licht, das sie in sich tragen, nicht verstehen. Doch die Heilige Schrift offenbart, dass das **Wort Gottes nicht nur ein Schwert ist (Epheser 6,17)** – es ist Feuer (Jeremia 23,29), ein Hammer, ein Samenkorn und das Leben selbst. Im Kampf zwischen Licht und Dunkelheit sind diejenigen, die das Wort kennen und verkünden, niemals Opfer.

Was ist diese Kraft?

Die Macht, die Gläubige besitzen, ist **delegierte Autorität**. Wie ein Polizist mit Dienstmarke stehen wir nicht auf unserer eigenen Stärke, sondern im **Namen Jesu** und durch das Wort Gottes. Als Jesus Satan in der Wüste besiegte, schrie, weinte oder geriet er nicht in Panik – er sagte einfach: *„Es steht geschrieben."*

Dies ist das Muster für alle spirituellen Kämpfe.

Warum viele Christen weiterhin geschlagen sind

1. **Unwissenheit** – Sie wissen nicht, was das Wort über ihre Identität sagt.
2. **Schweigen** – Sie verkünden Gottes Wort nicht über Situationen hinweg.
3. **Inkonsistenz** – Sie leben in einem Kreislauf der Sünde, der ihr Vertrauen und ihren Zugang untergräbt.

Beim Sieg geht es nicht darum, lauter zu schreien, sondern darum, **tiefer zu glauben** und **mutig zu erklären**.

Autorität in Aktion – Globale Geschichten

- **Nigeria:** Ein kleiner Junge, der in der Sekte gefangen war, wurde befreit, als seine Mutter regelmäßig sein Zimmer salbte und jeden Abend Psalm 91 sprach.
- **USA:** Eine ehemalige Wicca-Anhängerin hat sich von der Hexerei abgewandt, nachdem ein Kollege monatelang täglich still über ihrem Arbeitsplatz Heilige Schriften vorgetragen hatte.
- **Indien:** Ein Gläubiger verkündete Jesaja 54:17, während er ständig Angriffen schwarzer Magie ausgesetzt war – die Angriffe hörten auf und der Angreifer gestand.
- **Brasilien:** Eine Frau bekämpfte ihre Selbstmordgedanken täglich mit den Worten aus Römer 8 und begann, übernatürlichen Frieden zu finden.

Das Wort ist lebendig. Es braucht nicht unsere Vollkommenheit, sondern nur unseren Glauben und unser Bekenntnis.

Wie man das Wort im Krieg einsetzt

1. **Lernen Sie Bibelstellen** auswendig, die mit Identität, Sieg und Schutz zu tun haben.
2. **Sprechen Sie das Wort laut aus**, insbesondere während spiritueller Angriffe.
3. **Verwenden Sie es im Gebet** und verkünden Sie Gottes Versprechen für bestimmte Situationen.
4. **Fasten + Beten Sie** mit dem Wort als Anker (Matthäus 17:21).

Grundlegende Schriften für die Kriegsführung

- *2. Korinther 10:3–5* – Festungen zerstören
- *Jesaja 54:17* – Keine Waffe, die geschmiedet wird, wird Erfolg haben
- *Lukas 10:19* – Macht über den Feind
- *Psalm 91* – Göttlicher Schutz

- *Offenbarung 12:11* – Überwunden durch das Blut und das Zeugnis

Wichtige Erkenntnisse

Das Wort Gottes in Ihrem Mund ist genauso kraftvoll wie das Wort in Gottes Mund – wenn es im Glauben gesprochen wird.

Reflexionsjournal

- Kenne ich meine spirituellen Rechte als Gläubiger?
- Auf welche Schriften verlasse ich mich heute aktiv?
- Habe ich zugelassen, dass Angst oder Unwissenheit meine Autorität zum Schweigen brachten?

Gebet der Ermächtigung

Vater, öffne meine Augen für die Autorität, die ich in Christus habe. Lehre mich, dein Wort mutig und gläubig zu gebrauchen. Wo ich Angst oder Unwissenheit herrschen ließ, lass Offenbarung kommen. Ich stehe heute als Kind Gottes da, bewaffnet mit dem Schwert des Geistes. Ich werde das Wort verkünden. Ich werde siegreich sein. Ich werde den Feind nicht fürchten – denn größer ist der, der in mir ist. Im Namen Jesu. Amen.

TAG 1: BLUTLINIEN & TORE – FAMILIENKETTEN DURCHBRECHEN

„*Unsere Väter haben gesündigt und sind nicht mehr, und wir tragen ihre Strafe.*" – Klagelieder 5:7

Sie sind vielleicht gerettet, aber Ihre Blutlinie hat noch immer eine Geschichte – und solange die alten Bündnisse nicht gebrochen werden, sprechen sie weiter.

Auf allen Kontinenten gibt es verborgene Altäre, Ahnenpakte, geheime Gelübde und ererbte Missetaten, die so lange bestehen bleiben, bis sie gezielt angegangen werden. Was mit den Urgroßeltern begann, prägt möglicherweise noch immer das Schicksal der heutigen Kinder.

Globale Ausdrücke

- **Afrika** – Familiengötter, Orakel, generationenübergreifende Hexerei, Blutopfer.
- **Asien** – Ahnenverehrung, Reinkarnationsbindungen, Karmaketten.
- **Lateinamerika** – Santeria, Totenaltäre, schamanische Blutschwüre.
- **Europa** – Freimaurerei, heidnische Wurzeln, Blutlinienpakte.
- **Nordamerika** – New-Age-Erben, Freimaurer-Abstammung, okkulte Objekte.

Der Fluch bleibt bestehen, bis jemand aufsteht und sagt: „Schluss damit!"

Ein tieferes Zeugnis – Heilung von den Wurzeln her

Eine Frau aus Westafrika erkannte nach der Lektüre von *„Greater Exploits 14"*, dass ihre chronischen Fehlgeburten und unerklärlichen Qualen mit der Position ihres Großvaters als Tempelpriester zusammenhingen. Sie hatte sich schon vor Jahren zu Christus bekehrt, sich aber nie mit den Familienbündnissen auseinandergesetzt.

Nach drei Tagen des Betens und Fastens wurde sie dazu gebracht, bestimmte Erbstücke zu zerstören und gemäß Galater 3,13 ihren Bündnissen abzuschwören. Noch im selben Monat wurde sie schwanger und trug ein Kind aus. Heute leitet sie andere in der Heilungs- und Befreiungsarbeit an.

Ein anderer Mann aus Lateinamerika, der in dem Buch „*Befreit von der Macht der Finsternis*" beschrieben wird, fand die Freiheit, nachdem er einem Fluch der Freimaurerei abgeschworen hatte, der ihm heimlich von seinem Urgroßvater überliefert worden war. Als er begann, Bibelstellen wie Jesaja 49:24–26 anzuwenden und Befreiungsgebete zu sprechen, hörten seine seelischen Qualen auf und der Frieden in seinem Zuhause kehrte zurück.

Diese Geschichten sind keine Zufälle – sie sind Zeugnisse der Wahrheit in Aktion.

Aktionsplan – Familieninventur

1. Notieren Sie alle bekannten Überzeugungen, Praktiken und Zugehörigkeiten Ihrer Familie – religiöse, mystische oder geheime Gesellschaften.
2. Bitten Sie Gott um die Offenbarung verborgener Altäre und Pakte.
3. Zerstören und entsorgen Sie unter Gebet alle Gegenstände, die mit Götzendienst oder okkulten Praktiken in Verbindung stehen.
4. Fasten Sie, wie Sie dazu aufgefordert werden, und nutzen Sie die folgenden Bibelstellen, um rechtlichen Boden zu betreten:
    - *3. Mose 26:40-42*
    - *Jesaja 49:24-26*
    - *Galater 3:13*

GRUPPENDISKUSSION & Bewerbung

- Welche gängigen Familienpraktiken werden oft als harmlos abgetan, können aber spirituell gefährlich sein?
- Lassen Sie die Mitglieder (falls erforderlich) alle Träume, Objekte oder wiederkehrenden Zyklen in ihrer Blutlinie anonym mitteilen.
- Gruppengebet der Entsagung – jede Person kann den Namen der

Familie oder des Themas aussprechen, auf das verzichtet wird.

Hilfsmittel für den Gottesdienst: Bringen Sie Salböl mit. Bieten Sie die Kommunion an. Leiten Sie die Gruppe in einem Bundesgebet der Ersetzung – und weihen Sie jede Familienlinie Christus.

Wichtige Erkenntnisse

Die Wiedergeburt rettet Ihren Geist. Der Bruch von Familienbündnissen bewahrt Ihr Schicksal.

Reflexionsjournal

- Was liegt in meiner Familie? Was muss bei mir aufhören?
- Gibt es Gegenstände, Namen oder Traditionen in meinem Zuhause, die weg müssen?
- Welche Türen haben meine Vorfahren geöffnet, die ich jetzt schließen muss?

Gebet der Befreiung

Herr Jesus, ich danke dir für dein Blut, das Gutes spricht. Heute löse ich mich von jedem verborgenen Altar, jedem Familienbund und jeder ererbten Knechtschaft. Ich zerbreche die Ketten meiner Blutlinie und erkläre, dass ich eine neue Schöpfung bin. Mein Leben, meine Familie und mein Schicksal gehören nun allein dir. Im Namen Jesu. Amen.

TAG 2: TRAUMINVASIONEN – WENN DIE NACHT ZUM SCHLACHTFELD WIRD

„*A ls die Leute schliefen, kam sein Feind und säte Unkraut zwischen den Weizen und ging davon.*" – Matthäus 13:25

Für viele findet der größte spirituelle Kampf nicht im Wachzustand statt, sondern im Schlaf.

Träume sind nicht nur zufällige Gehirnaktivität. Sie sind spirituelle Portale, durch die Warnungen, Angriffe, Bündnisse und Schicksale ausgetauscht werden. Der Feind nutzt den Schlaf als stilles Schlachtfeld, um Angst, Lust, Verwirrung und Verzögerung zu säen – und das alles ohne Widerstand, da die meisten Menschen sich des Kampfes nicht bewusst sind.

Globale Ausdrücke

- **Afrika** – Spirituelle Ehepartner, Schlangen, Essen im Traum, Maskeraden.
- **Asien** – Begegnungen mit Vorfahren, Todesträume, karmische Qualen.
- **Lateinamerika** – Animalische Dämonen, Schatten, Schlaflähmung.
- **Nordamerika** – Astralprojektion, außerirdische Träume, Wiederholungen von Traumata.
- **Europa** – Gotische Erscheinungen, Sexdämonen (Inkubus/Sukkubus), Seelenfragmentierungen.

Wenn Satan Ihre Träume kontrollieren kann, kann er Ihr Schicksal beeinflussen.

Zeugnis – Vom nächtlichen Terror zum Frieden

Eine junge Frau aus Großbritannien schrieb eine E-Mail, nachdem sie „Ex-Satanist: The James Exchange" gelesen hatte. Sie erzählte, dass sie jahrelang von Träumen geplagt worden sei, in denen sie verfolgt oder von Hunden gebissen worden sei oder mit fremden Männern geschlafen habe – immer gefolgt von Rückschlägen im wirklichen Leben. Ihre Beziehungen scheiterten, Jobchancen verflogen und sie war ständig erschöpft.

Durch Fasten und das Studium von Bibelstellen wie Hiob 33,14–18 entdeckte sie, dass Gott oft durch Träume spricht – aber auch der Feind. Sie begann, ihr Haupt mit Öl zu salben, böse Träume nach dem Aufwachen laut auszusprechen und ein Traumtagebuch zu führen. Allmählich wurden ihre Träume klarer und friedlicher. Heute leitet sie eine Selbsthilfegruppe für junge Frauen, die unter Traumattacken leiden.

Ein nigerianischer Geschäftsmann hörte sich auf YouTube ein Zeugnis an und erkannte, dass sein Traum, jeden Abend Essen serviert zu bekommen, mit Hexerei zusammenhing. Jedes Mal, wenn er im Traum das Essen annahm, lief es in seinem Geschäft schief. Er lernte, das Essen im Traum sofort abzulehnen, vor dem Schlafengehen in Zungen zu beten und sieht nun stattdessen göttliche Strategien und Warnungen.

Aktionsplan – Verstärken Sie Ihre Nachtwachen

1. **Vor dem Schlafengehen:** Lesen Sie die Bibel laut vor. Beten Sie. Salben Sie Ihr Haupt mit Öl.
2. **Traumtagebuch:** Schreiben Sie jeden Traum nach dem Aufwachen auf – ob gut oder schlecht. Bitten Sie den Heiligen Geist um Deutung.
3. **Ablehnen und aufgeben:** Wenn der Traum sexuelle Aktivitäten, tote Verwandte, Essen oder Knechtschaft beinhaltet, verzichten Sie sofort im Gebet darauf.
4. **Schriftkrieg:**
   - *Psalm 4:8* – Ruhiger Schlaf
   - *Hiob 33:14–18* – Gott spricht durch Träume
   - *Matthäus 13:25* – Der Feind sät Unkraut
   - *Jesaja 54:17* – Keine Waffe wird gegen dich geschmiedet

Gruppenanmeldung

- Teilen Sie Ihre jüngsten Träume anonym. Lassen Sie die Gruppe Muster und Bedeutungen erkennen.
- Bringen Sie den Mitgliedern bei, wie sie böse Träume verbal zurückweisen und gute Träume im Gebet besiegeln können.
- Gruppenerklärung: „Wir verbieten dämonische Transaktionen in unseren Träumen, im Namen Jesu!"

Werkzeuge des Ministeriums:

- Bringen Sie Papier und Stifte für Ihr Traumtagebuch mit.
- Zeigen Sie, wie man sein Zuhause und sein Bett salbt.
- Bieten Sie die Kommunion als Siegel des Bundes für die Nacht an.

Wichtige Erkenntnisse
Träume sind entweder Tore zu göttlichen Begegnungen oder dämonischen Fallen. Urteilsvermögen ist der Schlüssel.

Reflexionsjournal

- Welche Art von Träumen habe ich immer wieder erlebt?
- Nehme ich mir Zeit, über meine Träume nachzudenken?
- Haben mich meine Träume vor etwas gewarnt, das ich ignoriert habe?

Gebet der Nachtwache
Vater, ich weihe dir meine Träume. Lass keine böse Macht in meinen Schlaf eindringen. Ich lehne jeden dämonischen Bund, jede sexuelle Befleckung und jede Manipulation in meinen Träumen ab. Ich empfange göttlichen Besuch, himmlische Anweisungen und den Schutz der Engel im Schlaf. Lass meine Nächte voller Frieden, Offenbarung und Kraft sein. Im Namen Jesu, Amen.

TAG 3: SPIRITUELLE EHEPARTNER – UNHEILIGE VERBINDUNGEN, DIE SCHICKSALE VERBINDEN

„*Denn dein Schöpfer ist dein Ehemann – der Herr der Heerscharen ist sein Name ...*" – Jesaja 54:5

„*Sie opferten ihre Söhne und Töchter den Teufeln.*" – Psalm 106:37

Während viele nach einem Durchbruch in ihrer Ehe schreien, ist ihnen nicht bewusst, dass sie sich bereits in einer **spirituellen Ehe befinden** – einer Ehe, der sie nie zugestimmt haben.

Dabei handelt es sich um **Bündnisse, die durch Träume, sexuelle Belästigung, Blutrituale, Pornografie, Ahnenschwüre oder dämonische Übertragung geschlossen werden**. Der spirituelle Ehepartner – Inkubus (männlich) oder Sukkubus (weiblich) – erwirbt ein gesetzliches Recht auf den Körper, die Intimität und die Zukunft der Person, wodurch häufig Beziehungen blockiert, Heime zerstört, Fehlgeburten verursacht und Suchterkrankungen gefördert werden.

Globale Manifestationen

- **Afrika** – Meeresgeister (Mami Wata), Geisterfrauen/-männer aus Wasserreichen.
- **Asien** – Himmlische Ehen, karmische Seelenverwandtschaftsflüche, wiedergeborene Ehepartner.
- **Europa** – Hexenvereinigungen, dämonische Liebhaber mit freimaurerischen oder druidischen Wurzeln.
- **Lateinamerika** – Santeria-Ehen, Liebeszauber, auf Pakten basierende „Geisterehen".
- **Nordamerika** – Durch Pornografie hervorgerufene spirituelle Portale, Sexgeister des New Age, Entführungen durch Außerirdische

als Manifestationen von Begegnungen mit Inkubus.

Echte Geschichten – Der Kampf um die Ehefreiheit
Tolu, Nigeria

Tolu war 32 und Single. Jedes Mal, wenn sie sich verlobte, verschwand der Mann plötzlich. Sie träumte ständig von einer aufwendigen Hochzeit. In *„Greater Exploits 14"* erkannte sie, dass ihr Fall mit einem dort geteilten Zeugnis übereinstimmte. Sie fastete drei Tage lang und sprach jeden Abend um Mitternacht Kampfgebete, um ihre Seelenbande zu lösen und den Meeresgeist auszutreiben, der sie heimgesucht hatte. Heute ist sie verheiratet und berät andere.

Lina, Philippinen

Lina spürte nachts oft eine „Präsenz" bei sich. Sie dachte, sie bilde sich Dinge ein, bis sich ohne Erklärung blaue Flecken an ihren Beinen und Oberschenkeln bildeten. Ihr Pastor erkannte einen spirituellen Partner. Sie gestand eine frühere Abtreibung und Pornosucht und erlebte anschließend die Erlösung. Jetzt hilft sie jungen Frauen, ähnliche Muster in ihrer Gemeinde zu erkennen.

Aktionsplan – Bruch des Pakts

1. **Bekennen** und bereuen Sie sexuelle Sünden, Seelenbande, okkulte Enthüllungen oder Ahnenrituale.
2. **Lehnen Sie** im Gebet alle spirituellen Ehen ab – namentlich, wenn sie offenbart werden.
3. **Fasten Sie** drei Tage lang (oder wie Sie es möchten) mit Jesaja 54 und Psalm 18 als Ankertexten.
4. **Zerstören Sie** physische Symbole: Ringe, Kleidung oder Geschenke, die mit früheren Liebhabern oder okkulten Verbindungen in Verbindung stehen.
5. **Erklären Sie laut :**

Ich bin mit keinem Geist verheiratet. Ich habe einen Bund mit Jesus Christus geschlossen. Ich lehne jede dämonische Verbindung in meinem Körper, meiner Seele und meinem Geist ab!

Schriftwerkzeuge

- Jesaja 54:4–8 – Gott als dein wahrer Ehemann
- Psalm 18 – Die Fesseln des Todes sprengen
- 1. Korinther 6,15–20 – Euer Leib gehört dem Herrn
- Hosea 2:6–8 – Brechen gottloser Bündnisse

Gruppenanmeldung

- Fragen Sie die Gruppenmitglieder: Haben Sie schon einmal von Hochzeiten, Sex mit Fremden oder schattenhaften Gestalten in der Nacht geträumt?
- Leiten Sie eine Gruppenabsage spiritueller Ehepartner.
- Spielen Sie ein „Scheidungsgericht im Himmel" durch – jeder Teilnehmer reicht im Gebet eine spirituelle Scheidung vor Gott ein.
- Verwenden Sie Salböl auf Kopf, Bauch und Füßen als Symbole für Reinigung, Fortpflanzung und Bewegung.

Wichtige Erkenntnisse

Dämonische Ehen gibt es wirklich. Aber es gibt keine spirituelle Verbindung, die nicht durch das Blut Jesu gebrochen werden kann.

Reflexionsjournal

- Habe ich immer wieder von Heirat oder Sex geträumt?
- Gibt es in meinem Leben Muster der Ablehnung, Verzögerung oder Fehlgeburt?
- Bin ich bereit, meinen Körper, meine Sexualität und meine Zukunft vollständig Gott zu überlassen?

Gebet der Befreiung

Himmlischer Vater, ich bereue jede sexuelle Sünde, ob bekannt oder unbekannt. Ich lehne jeden spirituellen Ehepartner, jeden Seemann und jede okkulte Ehe ab, die mein Leben beansprucht. Durch die Kraft des Blutes Jesu breche ich jeden Bund, jeden Traumsamen und jede Seelenverbindung. Ich erkläre, dass ich die Braut Christi bin, auserwählt zu seiner Ehre. Ich wandle frei, in Jesu Namen. Amen.

TAG 4: VERFLUCHTE GEGENSTÄNDE – TÜREN, DIE VERUNREINIGEN

„*Du sollst auch keinen Gräuel in dein Haus bringen, damit du nicht wie dieser verflucht wirst.*" – Deuteronomium 7:26

Ein versteckter Eintrag, den viele ignorieren

Nicht jeder Besitz ist einfach nur Besitz. Manche Dinge tragen Geschichte in sich. Andere tragen Geister in sich. Verfluchte Gegenstände sind nicht nur Götzenbilder oder Artefakte – es können Bücher, Schmuck, Statuen, Symbole, Geschenke, Kleidung oder sogar Erbstücke sein, die einst dunklen Mächten geweiht waren. Was auf Ihrem Regal, an Ihrem Handgelenk oder an Ihrer Wand steht, kann der eigentliche Ausgangspunkt für Qualen in Ihrem Leben sein.

Globale Beobachtungen

- **Afrika**: Kalebassen, Amulette und Armbänder im Zusammenhang mit Medizinmännern oder Ahnenverehrung.
- **Asien**: Amulette, Tierkreisstatuen und Tempel-Souvenirs.
- **Lateinamerika**: Santería-Halsketten, Puppen, Kerzen mit Geisterinschriften.
- **Nordamerika**: Tarotkarten, Ouija-Bretter, Traumfänger, Horror-Erinnerungsstücke.
- **Europa**: Heidnische Reliquien, okkulte Bücher, Accessoires mit Hexenmotiven.

Ein Paar in Europa wurde nach der Rückkehr aus dem Urlaub auf Bali plötzlich krank und litt unter seelischer Bedrückung. Sie hatten unwissentlich eine geschnitzte Statue gekauft, die einer lokalen Meeresgottheit gewidmet war. Nach Gebet und gründlicher Überlegung entfernten sie die Statue und verbrannten sie. Sofort kehrte der Frieden zurück.

Eine andere Frau aus den Zeugenaussagen *von Greater Exploits* berichtete von unerklärlichen Albträumen, bis sich herausstellte, dass eine Halskette, die sie von ihrer Tante geschenkt bekommen hatte, in Wirklichkeit ein spirituelles Überwachungsgerät war, das in einem Schrein geweiht war.

Sie reinigen Ihr Haus nicht nur physisch, sondern auch geistig.

Zeugnis: „Die Puppe, die mich beobachtete"

Lourdes Valdivia, deren Geschichte wir zuvor aus Südamerika erkundet haben, erhielt einst während einer Familienfeier eine Porzellanpuppe. Ihre Mutter hatte sie in einem okkulten Ritual geweiht. Von der Nacht an, in der sie in ihr Zimmer gebracht wurde, begann Lourdes Stimmen zu hören, litt unter Schlaflähmungen und sah nachts Gestalten.

Erst als eine christliche Freundin mit ihr betete und der Heilige Geist ihr die Herkunft der Puppe offenbarte, konnte sie sie loswerden. Sofort verschwand die dämonische Präsenz. Dies war der Beginn ihres Erwachens – von der Unterdrückung zur Erlösung.

Aktionsplan – Haus- und Herz-Audit

1. mit Salböl und dem Wort **durch jeden Raum in Ihrem Zuhause.**
2. **Bitten Sie den Heiligen Geist,** Gegenstände oder Gaben hervorzuheben, die nicht von Gott sind.
3. **Verbrennen oder entsorgen Sie** Gegenstände, die mit Okkultismus, Götzendienst oder Unmoral in Verbindung stehen.
4. **Schließen Sie alle Türen** mit Schriftstellen wie:
   - *5. Mose 7:26*
   - *Apostelgeschichte 19:19*
   - *2. Korinther 6:16-18*

Gruppendiskussion & Aktivierung

- Teilen Sie alle Gegenstände oder Geschenke mit, die Sie einmal besaßen und die ungewöhnliche Auswirkungen auf Ihr Leben hatten.
- Erstellen Sie gemeinsam eine „Checkliste für die Hausreinigung".
- Weisen Sie Partner an, in der häuslichen Umgebung des anderen zu

beten (mit Erlaubnis).
- Bitten Sie einen örtlichen Befreiungsprediger, ein prophetisches Gebet zur Reinigung des Hauses zu sprechen.

Werkzeuge für den Dienst: Salböl, Anbetungsmusik, Müllsäcke (zum wirklichen Entsorgen) und ein feuerfester Behälter für zu vernichtende Gegenstände.

Wichtige Erkenntnisse

Was Sie in Ihrem Raum zulassen, kann Geistern den Zutritt zu Ihrem Leben ermöglichen.

Reflexionsjournal

- Welche Gegenstände in meinem Zuhause oder Kleiderschrank haben einen unklaren spirituellen Ursprung?
- Habe ich aus sentimentalen Gründen an etwas festgehalten, das ich jetzt loslassen muss?
- Bin ich bereit, meinen Raum für den Heiligen Geist zu heiligen?

Gebet der Reinigung

Herr Jesus, ich bitte deinen Heiligen Geist, alles in meinem Zuhause zu entlarven, was nicht von dir ist. Ich lehne jeden verfluchten Gegenstand, jedes Geschenk und jeden Gegenstand ab, der mit der Dunkelheit verbunden war. Ich erkläre mein Zuhause zum heiligen Boden. Lass deinen Frieden und deine Reinheit hier wohnen. Im Namen Jesu. Amen.

TAG 5: BEZAUBERT UND GETÄUSCHT – SICH VOM GEIST DER WAHRSACHE BEFREIEN

„Diese Männer sind Diener des höchsten Gottes, die uns den Weg der Erlösung verkünden." – *Apostelgeschichte 16:17 (NKJV)*

„Paulus aber, sehr zornig, wandte sich um und sagte zu dem Geist: ‚Ich befehle dir im Namen Jesu Christi, von ihr auszufahren.' Und er fuhr noch zu derselben Stunde aus." – *Apostelgeschichte 16:18*

Zwischen Prophezeiung und Wahrsagerei liegt ein schmaler Grat – und viele überschreiten ihn heute, ohne es zu wissen.

Von YouTube-Propheten, die für „persönliche Worte" Geld verlangen, bis hin zu Tarotkartenlegern in sozialen Medien, die aus der Heiligen Schrift zitieren – die Welt ist zu einem Marktplatz spirituellen Lärms geworden. Und tragischerweise trinken viele Gläubige unwissentlich aus verschmutzten Quellen.

Der **Geist der Wahrsagerei** ahmt den Heiligen Geist nach. Er schmeichelt, verführt, manipuliert Emotionen und verstrickt seine Opfer in einem Netz der Kontrolle. Sein Ziel? **Spirituell verstricken, täuschen und versklaven.**

Globale Ausdrucksformen der Wahrsagerei

- **Afrika** – Orakel, Ifá- Priester, Wassergeistmedien, prophetischer Betrug.
- **Asien** – Handleser, Astrologen, Ahnenseher, Reinkarnationspropheten.
- **Lateinamerika** – Santeria-Propheten, Zauberer, Heilige mit dunklen Kräften.
- **Europa** – Tarotkarten, Hellsehen, mediale Kreise, New-Age-Channeling.

- **Nordamerika** – „christliche" Hellseher, Numerologie in Kirchen, Engelkarten, als Heiliger Geist getarnte Geistführer.

Gefährlich ist nicht nur, was sie sagen, sondern auch der **Geist** dahinter.

Zeugnis: Vom Hellseher zu Christus

Eine Amerikanerin berichtete auf YouTube, wie sie von einer „christlichen Prophetin" zu der Erkenntnis gelangte, dass sie unter dem Einfluss eines Wahrsagers stand. Sie hatte klare Visionen, verkündete detaillierte prophetische Worte und zog online große Menschenmengen an. Doch sie kämpfte auch mit Depressionen und Albträumen und hörte nach jeder Sitzung flüsternde Stimmen.

Eines Tages, als sie eine Predigt über *Apostelgeschichte 16 hörte*, fiel ihr alles über den Kopf. Ihr wurde klar, dass sie sich nie dem Heiligen Geist unterworfen hatte – nur ihrer Gabe. Nach tiefer Reue und Befreiung vernichtete sie ihre Engelkarten und ihr Fastentagebuch voller Rituale. Heute predigt sie Jesus, nicht mehr „Worte".

Aktionsplan – Die Geister prüfen

1. Fragen Sie: Führt mich dieses Wort/Geschenk zu **Christus** oder zu der **Person,** die es gibt?
2. Prüfe jeden Geist mit *1. Johannes 4:1–3*.
3. Bereuen Sie jegliche Beteiligung an übersinnlichen, okkulten oder gefälschten prophetischen Praktiken.
4. Lösen Sie alle Seelenbande mit falschen Propheten, Wahrsagern oder Hexenlehrern (auch online).
5. Erklären Sie mit Kühnheit:

„Ich lehne jeden Lügengeist ab. Ich gehöre allein Jesus. Meine Ohren sind auf seine Stimme eingestellt!"

Gruppenanmeldung

- Besprechen Sie: Sind Sie jemals einem Propheten oder spirituellen Führer gefolgt, der sich später als falsch herausstellte?
- Gruppenübung: Bringen Sie den Mitgliedern bei, auf bestimmte Praktiken wie Astrologie, Seelenlesen, übersinnliche Spiele oder

spirituelle Einflussnehmer zu verzichten, die nicht in Christus verwurzelt sind.
- Laden Sie den Heiligen Geist ein: Nehmen Sie sich zehn Minuten Zeit für Stille und Zuhören. Teilen Sie dann mit, was Gott Ihnen offenbart – wenn überhaupt.
- Brennen oder löschen Sie digitale/physische Elemente im Zusammenhang mit Wahrsagerei, einschließlich Bücher, Apps, Videos oder Notizen.

Hilfsmittel für den Gottesdienst:
Befreiungsöl, Kreuz (Symbol der Unterwerfung), Behälter/Eimer zum Wegwerfen symbolischer Gegenstände, Anbetungsmusik mit dem Heiligen Geist im Mittelpunkt.

Wichtige Erkenntnisse
Nicht alles Übernatürliche kommt von Gott. Wahre Prophezeiung entspringt der Vertrautheit mit Christus, nicht Manipulation oder Spektakel.

Reflexionsjournal

- Habe ich mich jemals zu übersinnlichen oder manipulativen spirituellen Praktiken hingezogen gefühlt?
- Bin ich süchtiger nach „Worten" als nach dem Wort Gottes?
- Welchen Stimmen habe ich Zugang gewährt, die jetzt zum Schweigen gebracht werden müssen?

GEBET DER BEFREIUNG
Vater, ich stimme nicht mehr mit jedem Geist der Wahrsagerei, Manipulation und falschen Prophezeiung überein. Ich bereue, dass ich ohne Deine Stimme Führung gesucht habe. Reinige meinen Geist, meine Seele und meinen Geist. Lehre mich, allein nach Deinem Geist zu leben. Ich schließe jede Tür, die ich dem Okkulten geöffnet habe, wissentlich oder unwissentlich. Ich erkläre, dass Jesus mein Hirte ist und ich nur seine Stimme höre. Im mächtigen Namen Jesu, Amen.

TAG 6: TORE DES AUGES – PORTALE DER DUNKELHEIT SCHLIESSEN

„**D**as Auge ist die Leuchte des Leibes. Wenn deine Augen gesund sind, wird dein ganzer Leib licht sein."
– *Matthäus 6:22 (NIV)*
„Ich will nichts Böses vor meine Augen stellen..." – *Psalm 101:3 (KJV)*

Im spirituellen Bereich **sind Ihre Augen Tore.** Was durch Ihre Augen eindringt, beeinflusst Ihre Seele – auf Reinheit oder Verschmutzung. Der Feind weiß das. Deshalb sind Medien, Bilder, Pornografie, Horrorfilme, okkulte Symbole, Modetrends und verführerische Inhalte zu Schlachtfeldern geworden.

Der Krieg um Ihre Aufmerksamkeit ist ein Krieg um Ihre Seele.

Was viele für „harmlose Unterhaltung" halten, ist oft eine verschlüsselte Einladung – zu Lust, Angst, Manipulation, Stolz, Eitelkeit, Rebellion oder sogar dämonischer Anhaftung.

Globale Tore der visuellen Dunkelheit

- **Afrika** – Ritualfilme, Nollywood-Themen, die Hexerei und Polygamie normalisieren.
- **Asien** – Anime und Manga mit spirituellen Portalen, verführerischen Geistern, Astralreisen.
- **Europa** – Gothic-Mode, Horrorfilme, Vampir-Obsessionen, satanische Kunst.
- **Lateinamerika** – Telenovelas, die Zauberei, Flüche und Rache verherrlichen.
- **Nordamerika** – Mainstream-Medien, Musikvideos, Pornografie, „süße" dämonische Cartoons.

Was Sie ständig anstarren, wird Sie desensibilisieren.

Geschichte: „Der Cartoon, der mein Kind verfluchte"

Eine Mutter aus den USA bemerkte, dass ihr fünfjähriger Sohn nachts zu schreien begann und verstörende Bilder malte. Nach einem Gebet zeigte ihr der Heilige Geist einen Zeichentrickfilm, den ihr Sohn heimlich angeschaut hatte – voller Zaubersprüche, sprechender Geister und Symbole, die ihr nicht aufgefallen waren.

Sie löschte die Sendungen und reinigte ihr Haus und ihre Bildschirme. Nach mehreren Nächten mit Mitternachtsgebeten und Psalm 91 hörten die Anfälle auf, und der Junge begann friedlich zu schlafen. Sie leitet jetzt eine Selbsthilfegruppe, die Eltern hilft, die visuellen Barrieren ihrer Kinder zu schützen.

Aktionsplan – Reinigung des Augentors

1. Führen Sie eine **Medienprüfung durch** : Was sehen Sie? Was lesen Sie? Was scrollen Sie?
2. Kündigen Sie Abonnements oder Plattformen, die Ihr Fleisch statt Ihren Glauben nähren.
3. Salben Sie Ihre Augen und Bildschirme und verkünden Sie Psalm 101:3.
4. Ersetzen Sie Müll durch göttliche Beiträge – Dokumentationen, Anbetung, reine Unterhaltung.
5. Erklären:

„Ich werde nichts Abscheuliches vor meine Augen stellen. Meine Vision gehört Gott."

Gruppenanmeldung

- Herausforderung: 7-tägiges Eye Gate Fast – keine toxischen Medien, kein untätiges Scrollen.
- Teilen: Welche Inhalte sollten Sie sich laut dem Heiligen Geist nicht mehr ansehen?
- Übung: Legen Sie die Hände auf Ihre Augen und verzichten Sie auf jegliche Befleckung durch das Sehen (z. B. Pornografie, Horror, Eitelkeit).

- Aktivität: Fordern Sie Mitglieder auf, Apps zu löschen, Bücher zu verbrennen oder Gegenstände zu entsorgen, die ihre Sehkraft beeinträchtigen.

Werkzeuge: Olivenöl, Apps zur Rechenschaftspflicht, Bildschirmschoner mit Bibelversen, Gebetskarten mit Augentor.

Wichtige Erkenntnisse

Sie können keine Autorität über Dämonen ausüben, wenn Sie von ihnen unterhalten werden.

Reflexionsjournal

- Womit füttere ich meine Augen, die möglicherweise Dunkelheit in mein Leben bringen?
- Wann habe ich das letzte Mal über das geweint, was Gott das Herz bricht?
- Habe ich dem Heiligen Geist die volle Kontrolle über meine Bildschirmzeit gegeben?

Gebet der Reinheit

Herr Jesus, ich bitte dich, dass dein Blut meine Augen reinigt. Vergib mir, was ich durch meine Bildschirme, Bücher und meine Fantasie zugelassen habe. Heute erkläre ich, dass meine Augen für das Licht da sind, nicht für die Dunkelheit. Ich lehne jedes Bild, jede Lust und jeden Einfluss ab, der nicht von dir kommt. Reinige meine Seele. Beschütze meinen Blick. Und lass mich sehen, was du siehst – in Heiligkeit und Wahrheit. Amen.

TAG 7: DIE MACHT HINTER DEN NAMEN – VERZICHT AUF UNHEILIGE IDENTITÄTEN

„Und Jabez rief den Gott Israels an und sagte: ‚Oh, dass du mich wirklich segnen würdest...'. Da gewährte Gott ihm, worum er bat."
– *1. Chronik 4:10*

„Du sollst nicht mehr Abram heißen, sondern Abraham..." – *Genesis 17:5*

Namen sind nicht nur Bezeichnungen – sie sind spirituelle Aussagen. In der Heiligen Schrift spiegeln Namen oft Schicksal, Persönlichkeit oder sogar Bindung wider. Etwas zu benennen bedeutet, ihm Identität und Richtung zu geben. Der Feind versteht das – deshalb sind viele Menschen unwissentlich in Namen gefangen, die ihnen aus Unwissenheit, Schmerz oder spiritueller Bindung gegeben wurden.

So wie Gott Namen änderte (Abram zu Abraham, Jakob zu Israel, Sarai zu Sarah), ändert er auch heute noch Schicksale, indem er seinem Volk neue Namen gibt.

Globale Kontexte der Namensknechtschaft

- **Afrika** – Kinder werden nach verstorbenen Vorfahren oder Idolen benannt („Ogbanje", „Dike", „ Ifunanya " sind mit Bedeutungen verknüpft).
- **Asien** – Reinkarnationsnamen, die an karmische Zyklen oder Gottheiten gebunden sind.
- **Europa** – Namen mit heidnischem oder hexerischem Erbe (z. B. Freya, Thor, Merlin).
- **Lateinamerika** – Von der Santeria beeinflusste Namen, insbesondere durch spirituelle Taufen.
- **Nordamerika** – Namen aus der Popkultur, von

Rebellionsbewegungen oder von Ahnenweihen.

Namen sind wichtig – und sie können Macht, Segen oder Knechtschaft bedeuten.

Geschichte: „Warum ich meiner Tochter einen neuen Namen geben musste"

In *Greater Exploits 14* nannte ein nigerianisches Paar seine Tochter „Amaka", was „schön" bedeutet. Doch sie litt an einer seltenen Krankheit, die die Ärzte vor ein Rätsel stellte. Während einer prophetischen Konferenz erhielt die Mutter eine Offenbarung: Der Name wurde einst von ihrer Großmutter verwendet, einer Medizinfrau, deren Geist nun Anspruch auf das Kind erhob.

Sie änderten ihren Namen in „Oluwatamilore" (Gott hat mich gesegnet), gefolgt von Fasten und Gebeten. Das Kind erholte sich vollständig.

Ein weiterer Fall aus Indien betraf einen Mann namens „Karma", der mit Generationenflüchen zu kämpfen hatte. Nachdem er seine hinduistischen Bindungen aufgegeben und seinen Namen in „Jonathan" geändert hatte, erlebte er finanzielle und gesundheitliche Fortschritte.

Aktionsplan – Untersuchung Ihres Namens

1. Recherchieren Sie die vollständige Bedeutung Ihres Namens – Vorname, zweiter Vorname, Nachname.
2. Fragen Sie Ihre Eltern oder Älteren, warum Sie diese Namen bekommen haben.
3. Verzichten Sie im Gebet auf negative spirituelle Bedeutungen oder Widmungen.
4. Erklären Sie Ihre göttliche Identität in Christus:

„Gottes Name ist nach mir gerufen. Mein neuer Name steht im Himmel geschrieben (Offenbarung 2,17)."

GRUPPENENGAGEMENT

- Fragen Sie die Mitglieder: Was bedeutet Ihr Name? Haben Sie Träume gehabt, in denen er eine Rolle spielte?

- Sprechen Sie ein „Namensgebet" – und erklären Sie prophetisch die Identität jeder Person.
- Legen Sie denen die Hände auf, die sich von Namen lösen müssen, die an Bündnisse oder die Knechtschaft der Vorfahren gebunden sind.

Hilfsmittel: Drucken Sie Karten mit der Bedeutung des Namens, bringen Sie Salböl mit, verwenden Sie Bibelstellen zu Namensänderungen.

Wichtige Erkenntnisse

Sie können nicht Ihre wahre Identität ausleben und gleichzeitig einer falschen Identität antworten.

Reflexionsjournal

- Was bedeutet mein Name – spirituell und kulturell?
- Fühle ich mich mit meinem Namen verbunden oder stehe ich im Konflikt damit?
- Mit welchem Namen nennt mich der Himmel?

Gebet der Umbenennung

Vater, im Namen Jesu danke ich dir, dass du mir eine neue Identität in Christus gegeben hast. Ich breche jeden Fluch, jeden Bund und jede dämonische Bindung, die mit meinen Namen verbunden ist. Ich lehne jeden Namen ab, der nicht deinem Willen entspricht. Ich empfange den Namen und die Identität, die mir der Himmel gegeben hat – voller Kraft, Sinn und Reinheit. Im Namen Jesu, Amen.

TAG 8: FALSCHES LICHT ENTLARVEN – NEW-AGE-FALLEN UND ENGELSÜCHTIGKEITEN

„*Und kein Wunder! Denn der Satan selbst nimmt die Gestalt eines Engels des Lichts an.*" – 2. Korinther 11:14

„*Ihr Lieben, glaubt nicht jedem Geist, sondern prüft die Geister, ob sie von Gott sind...*" – 1. Johannes 4:1

Nicht alles, was leuchtet, ist Gott.

In der heutigen Welt suchen immer mehr Menschen „Licht", „Heilung" und „Energie" außerhalb des Wortes Gottes. Sie wenden sich der Meditation, Yoga-Altären, der Aktivierung des dritten Auges, der Beschwörung der Ahnen, Tarot-Lesungen, Mondritualen, Engel-Channeling und sogar christlich anmutender Mystik zu. Die Täuschung ist stark, denn oft geht sie mit Frieden, Schönheit und Kraft einher – zunächst.

Doch hinter diesen Bewegungen stehen Wahrsagegeister, falsche Prophezeiungen und alte Gottheiten, die die Maske des Lichts tragen, um legalen Zugang zu den Seelen der Menschen zu erhalten.

Globale Reichweite des falschen Lichts

- **Nordamerika** – Kristalle, Reinigung mit Salbei, Gesetz der Anziehung, Hellseher, außerirdische Lichtcodes.
- **Europa** – Umbenanntes Heidentum, Göttinnenverehrung, weiße Hexerei, spirituelle Feste.
- **Lateinamerika** – Santeria vermischt mit katholischen Heiligen und spiritistischen Heilern (Curanderos).
- **Afrika** – Prophetische Fälschungen unter Verwendung von Engelaltären und rituellem Wasser.
- **Asien** – Chakren, Yoga-„Erleuchtung", Reinkarnationsberatung,

Tempelgeister.

Diese Praktiken mögen vorübergehend „Licht" spenden, aber mit der Zeit verdunkeln sie die Seele.

Zeugnis: Befreiung vom Licht, das täuschte

aus *Greater Exploits 14* besuchte Engel-Workshops und praktizierte „christliche" Meditation mit Weihrauch, Kristallen und Engelkarten. Sie glaubte, Gottes Licht zu erreichen, hörte jedoch bald im Schlaf Stimmen und verspürte nachts unerklärliche Angst.

Ihre Befreiung begann, als ihr jemand *„The Jameses Exchange"* schenkte und sie die Ähnlichkeiten zwischen ihren Erfahrungen und denen eines ehemaligen Satanisten erkannte, der von Täuschungen durch Engel sprach. Sie bereute, zerstörte alle okkulten Gegenstände und unterwarf sich umfassenden Befreiungsgebeten.

Heute bezeugt sie mutig die Täuschungen des New Age in den Kirchen und hat anderen geholfen, ähnliche Wege aufzugeben.

Aktionsplan – Die Geister prüfen

1. **Machen Sie eine Bestandsaufnahme Ihrer Praktiken und Überzeugungen** – stimmen sie mit der Heiligen Schrift überein oder fühlen sie sich nur spirituell an?
2. **Verzichten Sie auf alle Materialien, die falsches Licht erzeugen, und zerstören Sie sie** : Kristalle, Yoga-Handbücher, Engelkarten, Traumfänger usw.
3. **Beten Sie Psalm 119:105** – bitten Sie Gott, sein Wort zu Ihrem einzigen Licht zu machen.
4. **Sagen Sie der Verwirrung den Kampf an** – binden Sie Hausgeister und falsche Offenbarungen.

GRUPPENANMELDUNG

- **Besprechen Sie** : Wurden Sie oder jemand, den Sie kennen, in „spirituelle" Praktiken hineingezogen, bei denen Jesus nicht im

Mittelpunkt stand?
- **Rollenspiel „Unterscheidung"** : Lesen Sie Auszüge aus „spirituellen" Sprüchen (z. B. „Vertraue dem Universum") und stellen Sie sie der Heiligen Schrift gegenüber.
- **Salbungs- und Befreiungssitzung** : Zerstören Sie Altäre des falschen Lichts und ersetzen Sie sie durch einen Bund mit dem *Licht der Welt* (Johannes 8:12).

Werkzeuge des Ministeriums :

- Bringen Sie echte New-Age-Gegenstände (oder Fotos davon) zum Anschauungsunterricht mit.
- Sprechen Sie ein Befreiungsgebet gegen vertraute Geister (siehe Apostelgeschichte 16:16–18).

Wichtige Erkenntnisse
Satans gefährlichste Waffe ist nicht die Dunkelheit, sondern falsches Licht.
Reflexionsjournal

- Habe ich spirituelle Türen durch „leichte" Lehren geöffnet, die nicht in der Heiligen Schrift verwurzelt sind?
- Vertraue ich auf den Heiligen Geist oder auf Intuition und Energie?
- Bin ich bereit, alle Formen falscher Spiritualität für die Wahrheit Gottes aufzugeben?

GEBET DER ENTSAGUNG

Vater , ich bereue alles, was ich mit dem falschen Licht zu tun hatte. Ich schwöre allen Formen von New Age, Hexerei und trügerischer Spiritualität ab. Ich löse mich von allen Seelenverbindungen zu Engelbetrügern, Geistführern und falschen Offenbarungen. Ich empfange Jesus, das wahre Licht der Welt. Ich erkläre, dass ich keiner anderen Stimme als Deiner folgen werde, in Jesu Namen. Amen.

TAG 9: DER ALTAR DES BLUTES – BÜNDE, DIE EIN LEBEN ERFORDERN

„*Und sie bauten die Höhen des Baal ... um ihre Söhne und Töchter durchs Feuer zu Moloch gehen zu lassen.*" – Jeremia 32:35

„*Und sie besiegten ihn durch das Blut des Lammes und durch das Wort ihres Zeugnisses ...*" – Offenbarung 12:11

Es gibt Altäre, die nicht nur Ihre Aufmerksamkeit verlangen – sie fordern Ihr Blut.

Von der Antike bis heute sind Blutsbündnisse eine zentrale Praxis im Reich der Finsternis. Manche werden bewusst durch Hexerei, Abtreibung, rituelle Tötungen oder okkulte Initiationen eingegangen. Andere werden durch überlieferte Praktiken vererbt oder unwissentlich durch spirituelle Unwissenheit geschlossen.

Wo immer unschuldiges Blut vergossen wird – ob in Schreinen, Schlafzimmern oder Sitzungssälen – spricht ein dämonischer Altar.

Diese Altäre fordern Leben, verkürzen Schicksale und schaffen einen Rechtsgrund für dämonische Heimsuchungen.

Globale Altäre des Blutes

- **Afrika** – Rituelle Tötungen, Geldrituale, Kinderopfer, Blutpakte bei der Geburt.
- **Asien** – Blutopfer im Tempel, Familienflüche durch Abtreibung oder Kriegsschwüre.
- **Lateinamerika** – Santeria-Tieropfer, Blutopfer für die Geister der Toten.
- **Nordamerika** – Ideologie der Abtreibung als Sakrament, dämonische Blutschwur-Bruderschaften.
- **Europa** – Alte Riten der Druiden und Freimaurer, Altäre des

Blutvergießens aus der Zeit des Zweiten Weltkriegs, noch immer ohne Reue.

Diese Bündnisse fordern, sofern sie nicht gebrochen werden, weiterhin Menschenleben, oft in Zyklen.

Wahre Geschichte: Das Opfer eines Vaters

In *„Befreit von der Macht der Finsternis"* erfährt eine Frau aus Zentralafrika während einer Befreiungssitzung, dass ihre häufigen Begegnungen mit dem Tod mit einem Blutschwur ihres Vaters zusammenhingen. Er hatte ihr nach Jahren der Unfruchtbarkeit das Leben im Tausch gegen Reichtum versprochen.

Nach dem Tod ihres Vaters sah sie jedes Jahr an ihrem Geburtstag Schatten und erlitt beinahe tödliche Unfälle. Ihr Durchbruch kam, als sie täglich Psalm 118,17 – *„Ich werde nicht sterben, sondern leben…"* – über sich selbst sprach, gefolgt von einer Reihe von Entsagungsgebeten und Fasten. Heute leitet sie eine kraftvolle Fürbitte.

Ein weiterer Bericht aus *„Greater Exploits 14"* beschreibt einen Mann in Lateinamerika, der an einem Banden-Initiationsritus teilnahm, bei dem Blut vergossen wurde. Jahre später, selbst nachdem er Christus angenommen hatte, war sein Leben in ständiger Aufruhr – bis er den Blutsbund durch ein ausgedehntes Fasten, ein öffentliches Bekenntnis und die Wassertaufe brach. Die Qualen hörten auf.

Aktionsplan – Die Blutaltäre zum Schweigen bringen

1. **Bereuen Sie** jegliche Abtreibung, okkulte Blutpakte oder ererbtes Blutvergießen.
2. **Verzichten Sie** laut und namentlich auf alle bekannten und unbekannten Blutsbündnisse.
3. **Fasten Sie drei Tage lang**, nehmen Sie täglich an der Kommunion teil und bekennen Sie sich zum Blut Jesu als Ihrem gesetzlichen Schutz.
4. **Erklären Sie laut**:

„Durch das Blut Jesu breche ich jeden Blutsbund, der in meinem Namen geschlossen wurde. Ich bin erlöst!"

GRUPPENANMELDUNG

- Besprechen Sie den Unterschied zwischen natürlichen Blutsbanden und dämonischen Blutsbündnissen.
- Verwenden Sie rote Bänder/Fäden, um Blutaltäre darzustellen, und Scheren, um sie prophetisch zu zerschneiden.
- Bitten Sie jemanden, der sich aus der Blutsbindung befreit hat, um ein Zeugnis.

Werkzeuge des Ministeriums :

- Kommunionelemente
- Salböl
- Befreiungserklärungen
- Wenn möglich, visuelle Darstellung des Altarzerbrechens bei Kerzenlicht

Wichtige Erkenntnisse

Satan handelt mit Blut. Jesus hat mit seiner Freiheit zu viel für Ihre Freiheit bezahlt.

Reflexionsjournal

- Habe ich oder meine Familie an irgendetwas teilgenommen, bei dem es um Blutvergießen oder Eide ging?
- Gibt es in meiner Blutlinie wiederkehrende Todesfälle, Fehlgeburten oder gewalttätige Muster?
- Habe ich voll und ganz darauf vertraut, dass das Blut Jesu lauter über mein Leben spricht?

Gebet der Befreiung

Herr Jesus , ich danke dir für dein kostbares Blut, das Besseres spricht als das Blut Abels. Ich bereue jeden Blutsbund, den ich oder meine Vorfahren – wissentlich oder unwissentlich – geschlossen haben. Ich löse mich von ihnen. Ich erkläre, dass ich vom Blut des Lammes bedeckt bin. Lass jeden dämonischen Altar, der mein Leben fordert, verstummen und zerschmettern. Ich lebe, weil du für mich gestorben bist. Im Namen Jesu, Amen.

TAG 10: UNFRUCHTBARKEIT & GEBROCHENHEIT – WENN DIE GEBÄRMUTTER ZUM SCHLACHTFELD WIRD

„*In deinem Land soll niemand eine Fehlgeburt haben oder unfruchtbar sein. Ich werde deine Tage erfüllen.*" – Exodus 23:26

„*Er gibt der kinderlosen Frau eine Familie und macht sie zu einer glücklichen Mutter. Gelobt sei der Herr!*" – Psalm 113:9

Unfruchtbarkeit ist mehr als ein medizinisches Problem. Sie kann eine spirituelle Festung sein, die in tiefen emotionalen, angestammten und sogar territorialen Kämpfen verwurzelt ist.

Überall in den Ländern wird Unfruchtbarkeit vom Feind dazu benutzt, Frauen und Familien zu beschämen, zu isolieren und zu zerstören. Während einige Ursachen physiologischer Natur sind, sind viele tief spiritueller Natur – sie hängen mit Generationenaltären, Flüchen, spirituellen Ehepartnern, abgetriebenen Schicksalen oder seelischen Wunden zusammen.

Hinter jeder unfruchtbaren Gebärmutter verbirgt sich ein Versprechen des Himmels. Doch oft muss vor der Empfängnis ein Kampf ausgetragen werden – im Mutterleib und im Geist.

Globale Muster der Unfruchtbarkeit

- **Afrika** – Verbunden mit Polygamie, Ahnenflüchen, Schreinpakten und Geisterkindern.
- **Asien** – Karma-Glauben, Gelübde aus früheren Leben, Generationenflüche, Schamkultur.
- **Lateinamerika** – Durch Hexerei verursachter Gebärmutterverschluss, Neidzauber.
- **Europa** – Übermäßige Abhängigkeit von IVF, Kinderopfer der

Freimaurer, Schuldgefühle wegen Abtreibung.
- **Nordamerika** – Emotionales Trauma, seelische Wunden, Fehlgeburtszyklen, hormonverändernde Medikamente.

ECHTE GESCHICHTEN – Von Tränen zu Zeugnissen
Maria aus Bolivien (Lateinamerika)

Maria hatte fünf Fehlgeburten erlitten. Jedes Mal träumte sie davon, ein weinendes Baby im Arm zu halten, und sah am nächsten Morgen Blut. Die Ärzte konnten ihren Zustand nicht erklären. Nachdem sie einen Bericht in *Greater Exploits gelesen hatte* , wurde ihr klar, dass sie einen Familienaltar der Unfruchtbarkeit von ihrer Großmutter geerbt hatte, die alle weiblichen Gebärmütter einer lokalen Gottheit geweiht hatte.

Sie fastete 14 Tage lang und rezitierte Psalm 113. Ihr Pastor leitete sie an, den Bund durch die Kommunion zu brechen. Neun Monate später brachte sie Zwillinge zur Welt.

Ngozi aus Nigeria (Afrika)

war zehn Jahre lang kinderlos verheiratet. Während eines Befreiungsgebets wurde ihr offenbart, dass sie im Geistigen Reich mit einem Mann vom Typ Marine verheiratet war. In jedem Eisprung hatte sie sexuelle Träume. Nach einer Reihe von nächtlichen Kriegsgebeten und der prophetischen Handlung, bei der sie ihren Ehering aus einer vergangenen okkulten Initiation verbrannte, öffnete sich ihre Gebärmutter.

Aktionsplan – Öffnung der Gebärmutter

1. **Identifizieren Sie die Ursache** – angestammt, emotional, ehelich oder medizinisch.
2. **Bereuen Sie vergangene Abtreibungen** , Seelenbande, sexuelle Sünden und okkulte Hingaben.
3. **Salben Sie Ihre Gebärmutter täglich,** während Sie Exodus 23:26 und Psalm 113 rezitieren.
4. **Fasten Sie drei Tage lang** und nehmen Sie täglich an der Kommunion teil. Lehnen Sie alle Altäre ab, die an Ihren Schoß gebunden sind.

5. **Sprechen Sie laut :**

Mein Schoß ist gesegnet. Ich lehne jeden Bund der Unfruchtbarkeit ab. Ich werde durch die Kraft des Heiligen Geistes schwanger werden und das Kind austragen!

Gruppenanmeldung

- Laden Sie Frauen (und Paare) ein, in einem sicheren, andächtigen Raum die Last der Verzögerung zu teilen.
- Binden Sie rote Schals oder Tücher um die Taille und lösen Sie sie dann prophetisch als Zeichen der Freiheit.
- Führen Sie eine prophetische „Namensgebungszeremonie" durch – erklären Sie im Glauben, dass noch ungeborene Kinder geboren werden .
- Brechen Sie Wortflüche, kulturelle Scham und Selbsthass in Gebetskreisen.

Werkzeuge des Ministeriums:

- Olivenöl (zum Salben der Gebärmutter)
- Gemeinschaft
- Mäntel/Schals (symbolisieren Bedeckung und Neuheit)

Wichtige Erkenntnisse

Unfruchtbarkeit ist nicht das Ende – sie ist ein Aufruf zum Krieg, zum Glauben und zur Wiederherstellung. Gottes Verzögerung ist keine Verleugnung.

Reflexionsjournal

- Welche emotionalen oder spirituellen Wunden sind mit meiner Gebärmutter verbunden?
- Habe ich zugelassen, dass Scham oder Bitterkeit meine Hoffnung ersetzt haben?
- Bin ich bereit, den Ursachen mit Glauben und Taten entgegenzutreten?

Gebet der Heilung und Empfängnis

Vater , ich stehe zu Deinem Wort, das besagt, dass niemand im Land unfruchtbar sein soll. Ich lehne jede Lüge, jeden Altar und jeden Geist ab, der meine Fruchtbarkeit verhindern soll. Ich vergebe mir und anderen, die schlecht über meinen Körper gesprochen haben. Ich empfange Heilung, Wiederherstellung und Leben. Ich erkläre meinen Schoß für fruchtbar und meine Freude für vollkommen. Im Namen Jesu. Amen.

TAG 11: AUTOIMMUNERKRANKUNGEN UND CHRONISCHE MÜDIGKEIT – DER UNSICHTBARE KRIEG IN UNS

„*Ein Haus, das in sich gespalten ist, kann nicht bestehen.*" – Matthäus 12:25
„*Er gibt den Schwachen Kraft und stärkt die Kraft der Kraftlosen.*" – Jesaja 40:29

Bei Autoimmunerkrankungen greift der Körper sich selbst an und hält seine eigenen Zellen für Feinde. Lupus, rheumatoide Arthritis, Multiple Sklerose, Hashimoto und andere fallen in diese Gruppe.

Das Chronische Erschöpfungssyndrom (CFS), Fibromyalgie und andere unerklärliche Erschöpfungsstörungen überschneiden sich oft mit Autoimmunerkrankungen. Doch neben den biologischen Folgen tragen viele Betroffene auch emotionale Traumata, seelische Wunden und seelische Belastungen mit sich.

Der Körper schreit – nicht nur nach Medikamenten, sondern nach Frieden. Viele befinden sich im inneren Krieg.

Globaler Einblick

- **Afrika** – Zunehmende Autoimmundiagnosen im Zusammenhang mit Traumata, Umweltverschmutzung und Stress.
- **Asien** – Hohe Schilddrüsenerkrankungen stehen im Zusammenhang mit der Unterdrückung durch die Vorfahren und der Schamkultur.
- **Europa und Amerika** – Chronische Müdigkeit und Burnout-Epidemie aufgrund leistungsorientierter Kultur.
- **Lateinamerika** – Betroffene erhalten häufig Fehldiagnosen; Stigmatisierung und spirituelle Angriffe durch Seelenfragmentierung

oder Flüche.

Verborgene spirituelle Wurzeln

- **Selbsthass oder Scham** – das Gefühl, „nicht gut genug" zu sein.
- **Unversöhnlichkeit gegenüber sich selbst oder anderen** – das Immunsystem ahmt den spirituellen Zustand nach.
- **Unbearbeitete Trauer oder Verrat** – öffnen die Tür zu seelischer Erschöpfung und körperlichem Zusammenbruch.
- **Hexerei-Pfeile oder Eifersuchtspfeile** – werden verwendet, um geistige und körperliche Kräfte zu rauben.

Wahre Geschichten – Schlachten im Dunkeln
Elena aus Spanien
Bei Elena wurde nach einer langen, von Missbrauch geprägten Beziehung, die sie emotional gebrochen hatte, Lupus diagnostiziert. Therapie und Gebet zeigten, dass sie Hass verinnerlicht hatte und sich wertlos fühlte. Als sie begann, sich selbst zu vergeben und ihre seelischen Wunden mit der Heiligen Schrift zu konfrontieren, ließen ihre Anfälle drastisch nach. Sie bezeugt die heilende Kraft des Wortes und die Reinigung der Seele.

James aus den USA
James, ein ehrgeiziger Manager, erlitt nach 20 Jahren ununterbrochenen Stresses einen Zusammenbruch aufgrund von chronischem Stresssyndrom. Während der Befreiung wurde klar, dass die Männer seiner Familie von einem Generationenfluch des unermüdlichen Strebens geplagt waren. Er nahm sich eine Zeit des Sabbats, des Gebets und der Beichte vor und fand nicht nur seine Gesundheit, sondern auch seine Identität zurück.

Aktionsplan – Heilung der Seele und des Immunsystems

1. **Beten Sie jeden Morgen laut Psalm 103:1–5** – insbesondere Vers 3–5.
2. **Listen Sie Ihre inneren Überzeugungen auf** – was sagen Sie sich selbst? Brechen Sie mit Lügen.
3. **Verzeihen Sie zutiefst** – vor allem sich selbst.
4. **Nehmen Sie an der Kommunion teil**, um den Leibbund

wiederherzustellen – siehe Jesaja 53.
5. **Ruhe in Gott** – der Sabbat ist keine Option, sondern ein spiritueller Kampf gegen Burnout.

Ich erkläre, dass mein Körper nicht mein Feind ist. Jede Zelle in mir soll sich mit göttlicher Ordnung und Frieden in Einklang bringen. Ich empfange Gottes Kraft und Heilung.

Gruppenanmeldung

- Lassen Sie die Mitglieder über Müdigkeitsmuster oder emotionale Erschöpfung sprechen, die sie verbergen.
- Machen Sie eine „Seelen-Entleerungs"-Übung – schreiben Sie Belastungen auf und verbrennen oder begraben Sie sie dann symbolisch.
- Legen Sie denen, die an Autoimmunsymptomen leiden, die Hände auf und sorgen Sie für Ausgeglichenheit und Frieden.
- Ermutigen Sie dazu, 7 Tage lang emotionale Auslöser und heilende Bibelstellen in einem Tagebuch festzuhalten.

Werkzeuge des Ministeriums:

- Ätherische Öle oder duftende Salbungen zur Erfrischung
- Tagebücher oder Notizblöcke
- Psalm 23 Meditations-Soundtrack

Wichtige Erkenntnisse

Was die Seele angreift, manifestiert sich oft im Körper. Die Heilung muss von innen nach außen erfolgen.

Reflexionsjournal

- Fühle ich mich in meinem eigenen Körper und meinen Gedanken sicher?
- Hege ich Scham oder Schuldgefühle aufgrund vergangener Fehler oder Traumata?
- Was kann ich tun, um Ruhe und Frieden als spirituelle Praktiken zu

würdigen?

Gebet der Wiederherstellung
Herr Jesus , du bist mein Heiler. Heute weise ich jede Lüge zurück, dass ich gebrochen, schmutzig oder verdammt sei. Ich vergebe mir und anderen. Ich segne jede Zelle meines Körpers. Ich empfange Frieden in meiner Seele und ein ausgeglichenes Immunsystem. Durch deine Wunden bin ich geheilt. Amen.

TAG 12: EPILEPSIE & SEELISCHE QUALEN – WENN DER GEIST ZUM SCHLACHTFELD WIRD

„*Herr, erbarme dich meines Sohnes; denn er ist mondsüchtig und sehr geplagt; oft fällt er ins Feuer und oft ins Wasser.*" – Matthäus 17:15
„*Gott hat uns nicht einen Geist der Furcht gegeben, sondern der Kraft, der Liebe und der Besonnenheit.*" – 2. Timotheus 1:7

Manche Leiden sind nicht nur medizinischer Natur – sie sind als Krankheit getarnte spirituelle Schlachtfelder.

Epilepsie, Krampfanfälle, Schizophrenie, bipolare Episoden und seelische Qualen haben oft unsichtbare Ursachen. Medikamente können zwar sinnvoll sein, aber Urteilsvermögen ist entscheidend. In vielen biblischen Berichten waren Krampfanfälle und psychische Anfälle die Folge dämonischer Unterdrückung.

Die moderne Gesellschaft behandelt das, was Jesus oft *ausgestoßen hat*.

Globale Realität

- **Afrika** – Anfälle werden häufig Flüchen oder Ahnengeistern zugeschrieben.
- **Asien** – Epileptiker werden oft aus Scham und spiritueller Stigmatisierung versteckt.
- **Lateinamerika** – Schizophrenie steht im Zusammenhang mit generationsübergreifender Hexerei oder abgebrochenen Berufungen.
- **Europa und Nordamerika** – Überdiagnosen und Übermedikation verschleiern oft dämonische Ursachen.

Wahre Geschichten – Rettung im Feuer
Musa aus Nordnigeria
Musa litt seit seiner Kindheit unter epileptischen Anfällen. Seine Familie versuchte alles – von einheimischen Ärzten bis hin zu Gebeten in der Kirche. Eines Tages, während eines Befreiungsgottesdienstes, offenbarte der Heilige Geist, dass Musas Großvater ihn für einen Hexenaustausch angeboten hatte. Nachdem er den Bund gebrochen und ihn gesalbt hatte, hatte er nie wieder einen Anfall.

Daniel aus Peru
Bei Daniel wurde eine bipolare Störung diagnostiziert. Er kämpfte mit gewalttätigen Träumen und Stimmen. Später erfuhr er, dass sein Vater an geheimen satanischen Ritualen in den Bergen beteiligt war. Befreiungsgebete und ein dreitägiges Fasten brachten Klarheit. Die Stimmen verstummten. Heute ist Daniel ruhig, erholt und bereitet sich auf seinen Dienst vor.

Zeichen, auf die Sie achten sollten

- Wiederholte Anfallsepisoden ohne bekannte neurologische Ursache.
- Stimmen, Halluzinationen, Gewalt- oder Selbstmordgedanken.
- Zeit- oder Gedächtnisverlust, unerklärliche Angst oder körperliche Anfälle während des Gebets.
- Familiäre Muster von Geisteskrankheit oder Selbstmord.

Aktionsplan – Die Kontrolle über den Geist übernehmen

1. Bereue alle bekannten okkulten Bindungen, Traumata oder Flüche.
2. Legen Sie täglich Ihre Hände auf Ihr Haupt und bekunden Sie damit, dass Sie einen gesunden Verstand haben (2. Timotheus 1:7).
3. Fasten und beten Sie für geistesbindende Geister.
4. Brechen Sie Eide, Widmungen oder Blutlinienflüche Ihrer Vorfahren.
5. Schließen Sie sich, wenn möglich, einem starken Gebetspartner oder einem Befreiungsteam an.

Ich lehne jeden Geist der Qual, des Anfalls und der Verwirrung ab. Ich empfange einen gesunden Verstand und stabile Emotionen im Namen Jesu!

Gruppendienst & Bewerbung

- Identifizieren Sie familiäre Muster psychischer Erkrankungen oder Anfälle.
- Beten Sie für die Leidenden – verwenden Sie Salböl auf der Stirn.
- Lassen Sie Fürsprecher durch den Raum gehen und rufen: „Schweig, sei still!" (Markus 4:39)
- Fordern Sie die Betroffenen auf, mündliche Vereinbarungen zu brechen: „Ich bin nicht verrückt. Ich bin geheilt und ganz."

Werkzeuge des Ministeriums:

- Salböl
- Heilungserklärungskarten
- Anbetungsmusik, die Frieden und Identität vermittelt

Wichtige Erkenntnisse

Nicht jedes Leiden ist nur körperlicher Natur. Manche haben ihre Wurzeln in alten Bündnissen und dämonischen Rechtsgründen und müssen spirituell behandelt werden.

Reflexionsjournal

- Wurde ich jemals in meinen Gedanken oder im Schlaf gequält?
- Gibt es unverheilte Traumata oder spirituelle Türen, die ich schließen muss?
- Welche Wahrheit kann ich täglich verkünden, um meinen Geist im Wort Gottes zu verankern?

Gebet der Gesundheit

Herr Jesus, du bist der Wiederhersteller meines Geistes. Ich löse mich von jedem Bund, Trauma und dämonischen Geist, der mein Gehirn, meine Gefühle und meine Klarheit angreift. Ich empfange Heilung und einen gesunden

Verstand. Ich beschließe, dass ich leben und nicht sterben werde. Ich werde in voller Kraft funktionieren, in Jesu Namen. Amen.

TAG 13: GEIST DER ANGST – DEN KÄFIG DER UNSICHTBAREN QUALITÄT DURCHBRECHEN

„Denn Gott hat uns nicht einen Geist der Furcht gegeben, sondern einen Geist der Kraft und der Liebe und der Besonnenheit." – 2. Timotheus 1:7

„Furcht quält ..." – 1. Johannes 4:18

Angst ist nicht nur ein Gefühl – sie kann eine *Geisteshaltung sein*.

Sie flüstert einem das Scheitern zu, bevor man überhaupt angefangen hat. Sie verstärkt die Ablehnung. Sie lähmt die Zielstrebigkeit. Sie lähmt Nationen.

Viele befinden sich in unsichtbaren Gefängnissen, die aus Angst errichtet wurden: Angst vor dem Tod, vor Versagen, vor Armut, vor Menschen, vor Krankheit, vor spirituellen Kämpfen und vor dem Unbekannten.

Hinter vielen Angstattacken, Panikstörungen und irrationalen Phobien verbirgt sich ein spiritueller Auftrag, der dazu bestimmt ist, **Schicksale zu neutralisieren**.

Globale Manifestationen

- **Afrika** – Angst, die auf Generationenflüche, Vergeltungsmaßnahmen der Vorfahren oder Hexerei-Gegenreaktionen zurückzuführen ist.
- **Asien** – Kulturelle Scham, karmische Angst, Reinkarnationsängste.
- **Lateinamerika** – Angst vor Flüchen, Dorflegenden und spiritueller Vergeltung.
- **Europa und Nordamerika** – Versteckte Ängste, diagnostizierte Störungen, Angst vor Konfrontation, Erfolg oder Ablehnung – oft spirituell, aber als psychologisch abgestempelt.

Wahre Geschichten – Den Geist entlarven

Sarah aus Kanada

Jahrelang konnte Sarah im Dunkeln nicht schlafen. Ständig spürte sie eine Präsenz im Zimmer. Die Ärzte diagnostizierten Angstzustände, doch keine Behandlung schlug an. Während einer Online-Befreiungssitzung stellte sich heraus, dass eine Kindheitsangst durch einen Albtraum und einen Horrorfilm einem quälenden Geist Tür und Tor geöffnet hatte. Sie bereute, verzichtete auf die Angst und befahl ihr, zu verschwinden. Jetzt schläft sie in Frieden.

Uche aus Nigeria

Uche sollte predigen, doch jedes Mal, wenn er vor den Menschen stand, erstarrte er. Die Angst war unnatürlich – erstickend, lähmend. Im Gebet zeigte ihm Gott ein Fluchwort, das ein Lehrer ausgesprochen hatte, der sich über seine Stimme lustig gemacht hatte, als er noch ein Kind war. Dieses Wort bildete eine spirituelle Kette. Nachdem es durchbrochen war, begann er mutig zu predigen.

Aktionsplan – Angst überwinden

1. **Bekennen Sie jede Angst beim Namen** : „Ich verzichte im Namen Jesu auf die Angst vor [_____]."
2. **Lesen Sie täglich Psalm 27 und Jesaja 41 laut vor.**
3. **Beten Sie, bis Frieden die Panik ersetzt.**
4. **Vermeiden Sie angstbasierte Medien** – Horrorfilme, Nachrichten, Klatsch.
5. **Erklären Sie täglich** : „Ich bin geistig gesund. Ich bin kein Sklave der Angst."

Gruppenanwendung – Community-Durchbruch

- Fragen Sie die Gruppenmitglieder: Welche Angst hat Sie am meisten gelähmt?
- Teilen Sie sich in kleine Gruppen auf und sprechen Sie Gebete der **Entsagung** und **des Ersatzes** (z. B. Angst → Kühnheit, Angst → Zuversicht).
- Lassen Sie jede Person eine Angst aufschreiben und diese als prophetische Handlung verbrennen.
- Verwenden Sie *Salböl* und bekennen Sie sich gegenseitig zu *den*

Schriften .

Werkzeuge des Ministeriums:

- Salböl
- Bibelvers-Erklärungskarten
- Anbetungslied: „No Longer Slaves" von Bethel

Wichtige Erkenntnisse
Wenn man Angst toleriert, **verunreinigt man seinen Glauben** .
Man kann nicht gleichzeitig mutig und ängstlich sein – entscheiden Sie sich für Mut.

Reflexionsjournal

- Welche Angst begleitet mich seit meiner Kindheit?
- Wie hat sich die Angst auf meine Entscheidungen, meine Gesundheit oder meine Beziehungen ausgewirkt?
- Was würde ich anders machen, wenn ich völlig frei wäre?

Gebet um Freiheit von der Angst
Vater , ich schwöre dem Geist der Angst ab. Ich schließe jede Tür, die der Angst durch Traumata, Worte oder Sünden Zugang verschafft hat. Ich empfange den Geist der Kraft, der Liebe und der Besonnenheit. Ich erkläre Mut, Frieden und Sieg im Namen Jesu. Angst hat keinen Platz mehr in meinem Leben. Amen.

TAG 14: SATANISCHE MARKIERUNGEN – DAS UNHEILIGE BRANDSTÜCK LÖSCHEN

„*Von nun an soll mir niemand mehr Mühe bereiten; denn ich trage die Malzeichen des Herrn Jesus an meinem Leib.*" – Galater 6:17

„*Sie werden meinen Namen auf die Kinder Israels legen, und ich werde sie segnen.*" – Numeri 6:27

Viele Schicksale werden im spirituellen Bereich stillschweigend *bestimmt* – nicht von Gott, sondern vom Feind.

Diese satanischen Markierungen können in Form von seltsamen Körpermerkmalen, Träumen von Tätowierungen oder Brandzeichen, traumatischem Missbrauch, Blutritualen oder ererbten Altären auftreten. Manche sind unsichtbar – nur durch spirituelle Sensibilität erkennbar –, während andere sich als körperliche Zeichen, dämonische Tätowierungen, spirituelle Brandzeichen oder anhaltende Gebrechen zeigen.

Wenn eine Person vom Feind gezeichnet ist, kann sie Folgendes erleben:

- Ständige Ablehnung und Hass ohne Grund.
- Wiederholte spirituelle Angriffe und Blockaden.
- Vorzeitiger Tod oder gesundheitliche Krisen in bestimmten Altersstufen.
- Im Geiste verfolgt werden – immer sichtbar für die Dunkelheit.

Diese Markierungen fungieren als *rechtliche Kennzeichen* und geben dunklen Geistern die Erlaubnis, zu quälen, zu verzögern oder zu überwachen.

Aber das Blut Jesu **reinigt** und **verändert die Identität**.

Globale Ausdrücke

- **Afrika** – Stammesmarkierungen, rituelle Schnitte, okkulte Initiationsnarben.
- **Asien** – Spirituelle Siegel, Ahnensymbole, karmische Zeichen.
- **Lateinamerika** – Initiationszeichen der Brujeria (Hexerei), Geburtszeichen, die in Ritualen verwendet werden.
- **Europa** – Embleme der Freimaurerei, Tätowierungen zur Anrufung spiritueller Führer.
- **Nordamerika** – New-Age-Symbole, Tätowierungen mit rituellem Missbrauch, dämonisches Brandmal durch okkulte Bündnisse.

Echte Geschichten – Die Macht des Rebrandings
David aus Uganda

David wurde ständig zurückgewiesen. Trotz seines Talents konnte niemand erklären, warum. Im Gebet sah ein Prophet ein „geistliches X" auf seiner Stirn – ein Zeichen aus einem Ritual, das ein Dorfpriester in seiner Kindheit durchgeführt hatte. Während seiner Befreiung wurde das Zeichen durch Salbungsöl und das Bekenntnis zum Blut Jesu geistig ausgelöscht . Sein Leben änderte sich innerhalb weniger Wochen – er heiratete, bekam eine Anstellung und wurde Jugendleiter.

Sandra aus Brasilien

Sandra hatte ein Drachentattoo, das auf ihre Rebellion als Teenager zurückzuführen war. Nachdem sie ihr Leben Christus übergeben hatte, erlebte sie jedes Mal, wenn sie fastete oder betete, heftige spirituelle Angriffe. Ihr Pastor erkannte, dass das Tattoo ein dämonisches Symbol war, das mit der Überwachung von Geistern in Verbindung gebracht wurde. Nach einer Sitzung der Reue, des Gebets und der inneren Heilung ließ sie das Tattoo entfernen und löste sich von der Seelenverbindung. Ihre Albträume hörten sofort auf.

Aktionsplan – Löschen Sie die Markierung

1. **Bitten Sie den Heiligen Geist,** Ihnen alle spirituellen oder physischen Merkmale in Ihrem Leben zu offenbaren.
2. **Bereuen Sie** jede persönliche oder ererbte Beteiligung an den Ritualen, die dies ermöglichen.
3. **Tragen Sie das Blut Jesu** auf Ihren Körper auf – Stirn, Hände, Füße.

4. **Brechen Sie Überwachungsgeister, Seelenbande und gesetzliche Rechte,** die an Markierungen gebunden sind (siehe die folgenden Schriftstellen).
5. **Entfernen Sie physische Tätowierungen oder Gegenstände** (wie angegeben), die mit dunklen Bündnissen in Verbindung stehen.

Gruppenanwendung – Rebranding in Christus

- Fragen Sie die Gruppenmitglieder: Hatten Sie jemals ein Markenzeichen oder träumten Sie davon, gebrandmarkt zu werden?
- Führen Sie ein Gebet der **Reinigung und erneuten Hingabe** an Christus.
- Salben Sie die Stirn mit Öl und erklären Sie: *„Sie tragen jetzt das Zeichen des Herrn Jesus Christus."*
- Brechen Sie die Überwachungsgeister ab und vernetzen Sie ihre Identität neu mit Christus.

Werkzeuge des Ministeriums:

- Olivenöl (gesegnet zur Salbung)
- Spiegel oder weißes Tuch (symbolischer Waschakt)
- Kommunion (besiegeln die neue Identität

Wichtige Erkenntnisse

Was im Geiste markiert ist, wird **im Geiste gesehen** – entfernen Sie, was der Feind verwendet hat, um Sie zu markieren.

Reflexionsjournal

- Habe ich jemals seltsame Flecken, Blutergüsse oder Symbole auf meinem Körper gesehen, für die es keine Erklärung gab?
- Gibt es Gegenstände, Piercings oder Tattoos, auf die ich verzichten oder die ich entfernen muss?
- Habe ich meinen Körper vollständig als Tempel des Heiligen Geistes neu geweiht?

Gebet der Neugestaltung

Herr Jesus , ich löse mich von jedem Zeichen, jedem Bund und jeder Hingabe, die ich mit meinem Körper oder Geist außerhalb Deines Willens gemacht habe. Durch Dein Blut lösche ich jedes satanische Brandmal aus. Ich erkläre, dass ich allein für Christus bestimmt bin. Lass Dein Siegel des Eigentums auf mir liegen und lass jeden überwachenden Geist mich nun aus den Augen verlieren. Ich bin für die Dunkelheit nicht länger sichtbar. Ich wandle frei – in Jesu Namen, Amen.

TAG 15: DAS SPIEGELREICH – DEM GEFÄNGNIS DER REFLEXIONEN ENTKOMMEN

„Jetzt sehen wir durch einen Spiegel, in einem dunklen Bild; dann aber von Angesicht zu Angesicht ..." – 1. Korinther 13:12
„Sie haben Augen, aber sie sehen nicht, Ohren, aber sie hören nicht ..." – Psalm 115:5–6

In der Geisterwelt gibt es ein **Spiegelreich – einen Ort** *gefälschter Identitäten*, spiritueller Manipulation und dunkler Spiegelbilder. Was viele in Träumen oder Visionen sehen, sind möglicherweise keine Spiegel Gottes, sondern Werkzeuge der Täuschung aus dem dunklen Königreich.

Im Okkultismus werden Spiegel verwendet, um **Seelen einzufangen**, **Leben zu überwachen** oder **Persönlichkeiten zu übertragen**. In manchen Befreiungssitzungen berichten Menschen, dass sie sich selbst an einem anderen Ort „leben" sehen – in einem Spiegel, auf einem Bildschirm oder hinter einem spirituellen Schleier. Dabei handelt es sich nicht um Halluzinationen. Oft handelt es sich um satanische Gefängnisse, die dazu dienen:

- Fragmentiere die Seele
- Schicksal verzögern
- Identität verwirren
- Hosten Sie alternative spirituelle Zeitlinien

falsche Version von Ihnen zu erschaffen , die unter dämonischer Kontrolle lebt, während Ihr wahres Ich in Verwirrung oder Niederlage lebt .
Globale Ausdrücke

- **Afrika** – Spiegelhexerei, die von Zauberern zum Überwachen,

Einfangen oder Angreifen verwendet wird.
- **Asien** – Schamanen verwenden Schalen mit Wasser oder polierte Steine, um Geister zu „sehen" und zu beschwören.
- **Europa** – Schwarze Spiegelrituale, Nekromantie durch Spiegelbilder.
- **Lateinamerika** – Wahrsagen durch Obsidianspiegel in der aztekischen Tradition.
- **Nordamerika** – Spiegelportale des New Age, Spiegelschauen für Astralreisen.

Zeugnis – „Das Mädchen im Spiegel"
Maria von den Philippinen

Maria träumte davon, in einem Raum voller Spiegel gefangen zu sein. Jedes Mal, wenn sie Fortschritte machte, sah sie eine Version ihrer selbst im Spiegel, die sie zurückzog. Eines Nachts während der Befreiung schrie sie und beschrieb, wie sie „aus einem Spiegel in die Freiheit ging". Ihr Pastor salbte ihre Augen und führte sie dazu, der Spiegelmanipulation abzuschwören. Seitdem haben sich ihre geistige Klarheit, ihr Berufs- und Familienleben verändert.

David aus Schottland

, einst tief in New-Age-Meditation versunken, praktizierte „Spiegel-Schatten-Arbeit". Mit der Zeit hörte er Stimmen und sah sich selbst Dinge tun, die er nie beabsichtigt hatte. Nachdem er Christus angenommen hatte, löste ein Befreiungsprediger die Spiegelseelenbande und betete für seinen Geist. David berichtete, dass er sich zum ersten Mal seit Jahren fühlte, als ob sich ein Nebel lichtete.

Aktionsplan – Brechen Sie den Spiegelzauber

1. **Verzichten Sie auf** jegliche bekannte oder unbekannte Beschäftigung mit spirituell verwendeten Spiegeln.
2. während des Gebets oder Fastens (falls Sie dazu aufgefordert werden) **alle Spiegel in Ihrem Haus mit einem Tuch.**
3. **Salben Sie Ihre Augen und Ihre Stirn** – erklären Sie, dass Sie jetzt nur sehen, was Gott sieht.
4. **Verwenden Sie die Heilige Schrift**, um Ihre Identität in Christus zu bekunden, nicht in falscher Betrachtung:
    - *Jesaja 43:1*

- 2. Korinther 5:17
- Johannes 8:36

GRUPPENANTRAG – IDENTITÄTSWIEDERHERSTELLUNG

- Fragen Sie: Hatten Sie schon einmal Träume, in denen es um Spiegel, Doppelgänger oder darum ging, beobachtet zu werden?
- Führen Sie ein Gebet zur Wiederherstellung Ihrer Identität und erklären Sie Ihre Freiheit von falschen Versionen Ihrer selbst.
- Legen Sie die Hände auf die Augen (symbolisch oder im Gebet) und beten Sie um klare Sicht.
- Verwenden Sie in der Gruppe einen Spiegel, um prophetisch zu erklären: *„Ich bin, wer Gott sagt, dass ich bin. Nichts anderes."*

Werkzeuge des Ministeriums:

- Weißes Tuch (bedeckt Symbole)
- Olivenöl zum Salben
- Leitfaden zur prophetischen Spiegelerklärung

Wichtige Erkenntnisse
Der Feind liebt es, Ihr Selbstbild zu verzerren – denn Ihre Identität ist Ihr Zugang zum Schicksal.

Reflexionsjournal

- Habe ich Lügen darüber geglaubt, wer ich bin?
- Habe ich jemals an Spiegelritualen teilgenommen oder unwissentlich Spiegelhexerei zugelassen?
- Was sagt Gott darüber, wer ich bin?

Gebet um Freiheit aus dem Spiegelreich
Vater im Himmel , ich breche jeden Bund mit dem Spiegelreich – jedes dunkle Spiegelbild, jedes spirituelle Doppel und jede gefälschte Zeitlinie. Ich schwöre allen falschen Identitäten ab. Ich erkläre, dass ich der bin, für den du

mich hältst. Durch das Blut Jesu trete ich aus dem Gefängnis der Spiegelbilder heraus und erfülle meine Bestimmung. Von heute an sehe ich mit den Augen des Geistes – in Wahrheit und Klarheit. Im Namen Jesu, Amen.

TAG 16: DIE Fesseln der Wortflüche brechen – Ihren Namen und Ihre Zukunft zurückerobern

„*Tod und Leben stehen in der Gewalt der Zunge ...*" – Sprüche 18:21
„*Keine Waffe, die gegen dich geschmiedet wird, wird Erfolg haben, und jede Zunge, die sich im Gericht gegen dich erhebt, wirst du verurteilen ...*" – Jesaja 54:17

Worte sind nicht bloß Laute – sie sind **spirituelle Gefäße**, die die Kraft haben, zu segnen oder zu binden. Viele Menschen leiden unwissentlich unter **Flüchen, die** von Eltern, Lehrern, spirituellen Führern, Ex-Partnern oder sogar aus ihrem eigenen Mund über sie ausgesprochen werden.

Einige haben das schon einmal gehört:

- „Aus dir wird nie etwas werden."
- „Du bist genau wie dein Vater – nutzlos."
- „Alles, was Sie anfassen, schlägt fehl."
- „Wenn ich dich nicht haben kann, will dich niemand haben."
- „Du bist verflucht ... sieh zu."

Solche Worte, die aus Wut, Hass oder Angst ausgesprochen werden – insbesondere von einer Autoritätsperson – können zu einer geistigen Falle werden. Selbst selbst ausgesprochene Flüche wie *„Ich wünschte, ich wäre nie geboren worden"* oder *„Ich werde nie heiraten"* können dem Feind rechtlichen Boden verschaffen.

Globale Ausdrücke

- **Afrika** – Stammesflüche, elterliche Flüche wegen Rebellion, Marktplatzflüche.

- **Asien** – Auf Karma basierende Worterklärungen, Ahnengelübde, die über Kinder gesprochen werden.
- **Lateinamerika** – Brujeria (Hexerei) Flüche, die durch gesprochene Worte aktiviert werden.
- **Europa** – Ausgesprochene Flüche, Familien-„Prophezeiungen", die sich selbst erfüllen.
- **Nordamerika** – Verbale Beschimpfungen, okkulte Gesänge, Selbsthass-Bekräftigungen.

Ob geflüstert oder geschrien, mit Gefühl und Überzeugung ausgesprochene Flüche haben Gewicht im Geist.

Zeugnis – „Als meine Mutter vom Tod sprach"
Keisha (Jamaika)

Keisha wuchs mit den Worten ihrer Mutter auf: *„Du bist der Grund, warum mein Leben ruiniert ist."* An jedem Geburtstag passierte ihr etwas Schlimmes. Mit 21 unternahm sie einen Selbstmordversuch, weil sie überzeugt war, ihr Leben sei wertlos. Während eines Trauergottesdienstes fragte der Pfarrer: *„Wer hat den Tod über dein Leben gesprochen?"* Sie brach zusammen. Nachdem sie diese Worte aufgegeben und Vergebung erfahren hatte, erlebte sie endlich Freude. Jetzt bringt sie jungen Mädchen bei, wie sie selbst über das Leben sprechen können.

Andrei (Rumänien)

Andreis Lehrer sagte einmal: *„Du wirst vor deinem 25. Geburtstag im Gefängnis landen oder sterben."* Dieser Satz ließ ihn nicht mehr los. Er wurde kriminell und mit 24 verhaftet. Im Gefängnis begegnete er Christus und erkannte den Fluch, dem er zugestimmt hatte. Er schrieb dem Lehrer einen Vergebungsbrief, zerriss jede Lüge, die über ihn verbreitet wurde, und begann, Gottes Versprechen zu verkünden. Heute leitet er eine Gefängnisseelsorge.

Aktionsplan – Den Fluch umkehren

1. Notieren Sie negative Aussagen, die über Sie gemacht wurden – von anderen oder von Ihnen selbst.
2. im Gebet **auf jedes Fluchwort** (sprechen Sie es laut aus).
3. **Verzeihen Sie** der Person, die es ausgesprochen hat.
4. **Sprechen Sie Gottes Wahrheit** über sich selbst, um den Fluch durch

Segen zu ersetzen:
- *Jeremia 29:11*
- *5. Mose 28:13*
- *Römer 8:37*
- *Psalm 139:14*

Gruppenanwendung – Die Macht der Worte

- Fragen Sie: Welche Aussagen haben Ihre Identität geprägt – im Guten wie im Schlechten?
- Sprechen Sie in Gruppen Flüche laut (mit Feingefühl) aus und sprechen Sie stattdessen Segenssprüche aus.
- Verwenden Sie Bibelkarten – jede Person liest drei Wahrheiten über ihre Identität vor.
- Ermutigen Sie die Mitglieder, ein 7-tägiges *Segensdekret* über sich selbst zu beginnen.

Werkzeuge des Ministeriums:

- Lernkarten mit Schriftidentität
- Olivenöl zum Salben des Mundes (heiligende Rede)
- Spiegelerklärungen – sprechen Sie täglich die Wahrheit über Ihr Spiegelbild

Wichtige Erkenntnisse

Wenn ein Fluch ausgesprochen wurde, kann er gebrochen werden – und an seiner Stelle kann ein neues Wort des Lebens gesprochen werden.

Reflexionsjournal

- Wessen Worte haben meine Identität geprägt?
- Habe ich mich aus Angst, Wut oder Scham selbst verflucht?
- Was sagt Gott über meine Zukunft?

Gebet zum Brechen von Wortflüchen

Herr Jesus, ich widerrufe jeden Fluch, der über mein Leben gesprochen wurde – von Familie, Freunden, Lehrern, Geliebten und sogar von mir selbst. Ich verzeihe jeder Stimme, die Versagen, Ablehnung oder Tod verkündete. Ich breche jetzt die Macht dieser Worte, in Jesu Namen. Ich spreche Segen, Gunst und Schicksal über mein Leben. Ich bin, wer du sagst, dass ich bin – geliebt, auserwählt, geheilt und frei. In Jesu Namen. Amen.

TAG 17: BEFREIUNG VON KONTROLLE UND MANIPULATION

„*Hexerei besteht nicht immer aus Roben und Kesseln – manchmal sind es Worte, Emotionen und unsichtbare Leinen.*"

„**Denn Auflehnung ist wie Zauberei und Sturheit wie Frevel und Götzendienst.**"
– *1. Samuel 15:23*

Hexerei findet nicht nur in heiligen Stätten statt. Sie trägt oft ein Lächeln und manipuliert durch Schuldgefühle, Drohungen, Schmeicheleien oder Angst. Die Bibel setzt Rebellion – insbesondere die Rebellion, die unheilige Kontrolle über andere ausübt – mit Hexerei gleich. Immer wenn wir emotionalen, psychologischen oder spirituellen Druck ausüben, um den Willen eines anderen zu unterdrücken, begeben wir uns auf gefährliches Terrain.

Globale Manifestationen

- **Afrika** – Mütter, die ihre Kinder im Zorn verfluchen, Liebende, die andere durch „Juju" oder Liebestränke binden, spirituelle Führer, die ihre Anhänger einschüchtern.
- **Asien** – Guru-Kontrolle über Schüler, Erpressung der Eltern bei arrangierten Ehen, Manipulation von Energiekabeln.
- **Europa** – Freimaurereide kontrollieren das Verhalten der Generationen, religiöse Schuld und Herrschaft.
- **Lateinamerika** – Brujería (Hexerei) diente dazu, Partner zu halten, emotionale Erpressung, die auf Familienflüchen beruhte.
- **Nordamerika** – Narzisstische Erziehung, manipulative Führung getarnt als „spiritueller Schutz", auf Angst basierende Prophezeiung.

Die Stimme der Hexerei flüstert oft: *„Wenn du das nicht tust, wirst du mich verlieren, Gottes Gunst verlieren oder leiden."*

Doch wahre Liebe manipuliert nie. Gottes Stimme bringt immer Frieden, Klarheit und Entscheidungsfreiheit.

Wahre Geschichte – Die unsichtbare Leine sprengen

Grace aus Kanada war stark in einen prophetischen Dienst verstrickt, dessen Leiter ihr vorschrieb, mit wem sie ausgehen, wo sie leben und sogar wie sie beten sollte. Anfangs fühlte sie sich spirituell, doch mit der Zeit fühlte sie sich wie eine Gefangene seiner Meinungen. Immer wenn sie versuchte, eine unabhängige Entscheidung zu treffen, wurde ihr gesagt, sie würde „gegen Gott rebellieren". Nach einem Zusammenbruch und der Lektüre von *Greater Exploits 14* erkannte sie, dass dies charismatische Hexerei war – Kontrolle, getarnt als Prophezeiung.

Grace löste sich von der Seelenverbindung zu ihrem spirituellen Führer, bereute ihre Zustimmung zur Manipulation und schloss sich einer örtlichen Gemeinschaft zur Heilung an. Heute ist sie geheilt und hilft anderen, dem religiösen Missbrauch zu entkommen.

Aktionsplan – Hexerei in Beziehungen erkennen

1. Fragen Sie sich: *Fühle ich mich in der Nähe dieser Person frei oder habe ich Angst, sie zu enttäuschen?*
2. Listen Sie Beziehungen auf, in denen Schuldgefühle, Drohungen oder Schmeicheleien als Kontrollinstrumente eingesetzt werden.
3. Verzichten Sie auf jede emotionale, spirituelle oder seelische Bindung, die Ihnen das Gefühl gibt, beherrscht oder stimmlos zu sein.
4. Beten Sie laut, um jede manipulative Fessel in Ihrem Leben zu sprengen.

Schriftwerkzeuge

- **1 Samuel 15:23** – Rebellion und Hexerei
- **Galater 5,1** – „Seid standhaft und lasst euch nicht wieder das Joch der Sklaverei auflegen."
- **2. Korinther 3:17** – „Wo der Geist des Herrn ist, da ist Freiheit."

- **Micha 3:5-7** – Falsche Propheten, die Einschüchterung und Bestechung einsetzen

Gruppendiskussion & Bewerbung

- Erzählen Sie (ggf. anonym) von einer Situation, in der Sie sich spirituell oder emotional manipuliert fühlten.
- Spielen Sie ein Gebet, in dem Sie die Wahrheit sagen – geben Sie die Kontrolle über andere auf und gewinnen Sie Ihren Willen zurück.
- Lassen Sie die Mitglieder Briefe (reale oder symbolische) schreiben, in denen sie die Verbindungen zu kontrollierenden Personen abbrechen und die Freiheit in Christus bekunden.

Werkzeuge des Ministeriums:

- Paaren Sie Befreiungspartner.
- Verwenden Sie Salböl, um die Freiheit von Geist und Willen zu erklären.
- *einzig wahrem Schutz* wiederherzustellen.

Wichtige Erkenntnisse
Wo Manipulation herrscht, gedeiht Hexerei. Doch wo Gottes Geist ist, herrscht Freiheit.

Reflexionsjournal

- Wem oder was habe ich erlaubt, meine Stimme, meinen Willen oder meine Richtung zu kontrollieren?
- Habe ich jemals Angst oder Schmeicheleien eingesetzt, um meinen Willen durchzusetzen?
- Welche Schritte werde ich heute unternehmen, um in der Freiheit Christi zu wandeln?

Gebet der Befreiung
Himmlischer Vater, ich lehne jede Form emotionaler, spiritueller und psychologischer Manipulation ab, die in mir oder um mich herum wirkt. Ich löse

mich von allen Seelenbanden, die auf Angst, Schuld und Kontrolle beruhen. Ich befreie mich von Rebellion, Dominanz und Einschüchterung. Ich erkläre, dass mich allein Dein Geist leitet. Ich empfange die Gnade, in Liebe, Wahrheit und Freiheit zu leben. Im Namen Jesu. Amen.

TAG 18: DIE MACHT DER UNVERSÖHNUNG UND BITTERKEIT BRECHEN

„*Unversöhnlichkeit ist, als würde man Gift trinken und erwarten, dass die andere Person stirbt.*"

„**Seht zu, dass keine bittere Wurzel aufwächst und Unheil anrichtet und viele verunreinigt.**"

– *Hebräer 12:15*

Bitterkeit ist ein stiller Zerstörer. Sie kann mit einer Verletzung beginnen – einem Verrat, einer Lüge, einem Verlust – doch wenn sie nicht kontrolliert wird, entwickelt sie sich zu Unversöhnlichkeit und schließlich zu einer Wurzel, die alles vergiftet.

Unversöhnlichkeit öffnet quälenden Geistern Tür und Tor (Matthäus 18:34). Sie trübt das Urteilsvermögen, behindert die Heilung, erstickt Ihre Gebete und blockiert den Fluss der Kraft Gottes.

Bei der Befreiung geht es nicht nur darum, Dämonen auszutreiben – es geht darum, loszulassen, was man in sich trägt.

GLOBALE AUSDRUCKSFORMEN der Bitterkeit

- **Afrika** – Stammeskriege, politische Gewalt und Familienverrat, der von Generation zu Generation weitergegeben wird.
- **Asien** – Schande zwischen Eltern und Kindern, kastenbedingte Wunden, religiöser Verrat.
- **Europa** – Generationenlanges Schweigen über Missbrauch, Verbitterung über Scheidung oder Untreue.
- **Lateinamerika** – Wunden durch korrupte Institutionen, Ablehnung

durch die Familie, spirituelle Manipulation.
- **Nordamerika** – Verletzung der Kirche, rassistisches Trauma, abwesende Väter, Ungerechtigkeit am Arbeitsplatz.

Bitterkeit schreit nicht immer. Manchmal flüstert sie: „Ich werde nie vergessen, was sie getan haben."

Aber Gott sagt: *Lass es gut sein – nicht, weil sie es verdienen, sondern weil* ***du*** *es verdienst.*

Wahre Geschichte – Die Frau, die nicht vergeben wollte

Maria aus Brasilien war 45, als sie zum ersten Mal zur Erlösung kam. Jede Nacht träumte sie davon, erwürgt zu werden. Sie litt an Magengeschwüren, hohem Blutdruck und Depressionen. Während der Sitzung stellte sich heraus, dass sie Hass auf ihren Vater hegte, der sie als Kind misshandelt und später die Familie verlassen hatte.

Sie war Christin geworden, hatte ihm jedoch nie vergeben.

Als sie weinte und ihn vor Gott ließ, zuckte ihr Körper – etwas zerbrach. In dieser Nacht schlief sie zum ersten Mal seit 20 Jahren friedlich. Zwei Monate später begann sich ihr Gesundheitszustand deutlich zu verbessern. Heute erzählt sie ihre Geschichte als Heilcoachin für Frauen.

Aktionsplan – Die bittere Wurzel ausreißen

1. **Nennen Sie es** – Schreiben Sie die Namen derjenigen auf, die Ihnen wehgetan haben – sogar sich selbst oder Gott (wenn Sie insgeheim wütend auf ihn waren).
2. **Lass es los** – Sagen Sie laut: *„Ich entscheide mich, [Name] für [konkretes Vergehen] zu vergeben. Ich lasse es los und befreie mich selbst."*
3. **Verbrennen Sie es** – Wenn es gefahrlos möglich ist, verbrennen oder zerkleinern Sie das Papier als prophetischen Akt der Befreiung.
4. **Beten Sie um Segen** für diejenigen, die Ihnen Unrecht getan haben – auch wenn Ihre Gefühle dagegen sind. Das ist spirituelle Kampfführung.

Schriftwerkzeuge

- *Matthäus 18:21–35* – Das Gleichnis vom unbarmherzigen Knecht

- *Hebräer 12:15* – Bittere Wurzeln verunreinigen viele
- *Markus 11:25* – Vergib, damit deine Gebete nicht verhindert werden
- *Römer 12:19–21* – Überlasse die Rache Gott

GRUPPENANMELDUNG & Dienst

- Bitten Sie jede Person (privat oder schriftlich), jemanden zu nennen, dem sie nur schwer vergeben kann.
- Bilden Sie Gebetsgruppen, um den Vergebungsprozess mithilfe des folgenden Gebets zu durchlaufen.
- Führen Sie eine prophetische „Verbrennungszeremonie" durch, bei der schriftliche Beleidigungen vernichtet und durch Heilungserklärungen ersetzt werden.

Werkzeuge des Ministeriums:

- Vergebungserklärungskarten
- Sanfte Instrumentalmusik oder eindringliche Anbetung
- Freudenöl (zur Salbung nach der Entlassung)

Wichtige Erkenntnisse

Unversöhnlichkeit ist ein Tor, das der Feind ausnutzt. Vergebung ist ein Schwert, das die Fesseln der Knechtschaft durchschneidet.

Reflexionsjournal

- Wem muss ich heute vergeben?
- Habe ich mir selbst vergeben – oder bestrafe ich mich für vergangene Fehler?
- Glaube ich, dass Gott mir das zurückgeben kann, was ich durch Verrat oder Beleidigung verloren habe?

Gebet der Befreiung

Herr Jesus, ich komme mit meinem Schmerz, meiner Wut und meinen Erinnerungen vor dich. Ich entscheide mich heute – im Glauben –, allen zu vergeben, die mich verletzt, missbraucht, betrogen oder abgelehnt haben. Ich lasse sie gehen. Ich befreie sie vom Urteil und befreie mich von der Bitterkeit. Ich bitte dich, jede Wunde zu heilen und mich mit deinem Frieden zu erfüllen. Im Namen Jesu. Amen.

TAG 19: HEILUNG VON SCHAM UND VERURTEILUNG

„*Die Scham sagt: ‚Ich bin schlecht.‘ Die Verurteilung sagt: ‚Ich werde nie frei sein.‘ Aber Jesus sagt: ‚Du gehörst mir, und ich habe dich erneuert.‘*"

„Wer auf ihn blickt, strahlt; sein Gesicht ist nie mit Scham bedeckt."
– Psalm 34:5

Scham ist nicht nur ein Gefühl – sie ist eine Strategie des Feindes. Sie ist der Mantel, den er um diejenigen legt, die gefallen, versagt oder verletzt wurden. Sie sagt: „Du kannst Gott nicht nahe kommen. Du bist zu schmutzig. Zu beschädigt. Zu schuldig."

Aber Verurteilung ist eine **Lüge** – denn in Christus **gibt es keine Verurteilung** (Römer 8,1).

Viele Menschen, die nach Erlösung suchen, bleiben stecken, weil sie glauben, dass sie **der Freiheit nicht würdig sind**. Sie tragen die Schuld wie ein Abzeichen mit sich herum und wiederholen ihre schlimmsten Fehler wie eine kaputte Schallplatte.

Jesus hat nicht nur für Ihre Sünden bezahlt – er hat für Ihre Schande bezahlt.

Globale Gesichter der Schande

- **Afrika** – Kulturelle Tabus rund um Vergewaltigung, Unfruchtbarkeit, Kinderlosigkeit oder das Scheitern einer Heirat.
- **Asien** – Auf Schande basierende Scham aufgrund familiärer Erwartungen oder religiöser Abtrünnigkeit.
- **Lateinamerika** – Schuldgefühle aufgrund von Abtreibungen, okkulter Verwicklung oder Schande über die Familie.
- **Europa** – Verborgene Scham aufgrund geheimer Sünden,

Missbrauch oder psychischer Probleme.
- **Nordamerika** – Scham aufgrund von Sucht, Scheidung, Pornografie oder Identitätsverwirrung.

Scham gedeiht im Schweigen – aber sie stirbt im Licht der Liebe Gottes.

Wahre Geschichte – Ein neuer Name nach der Abtreibung

Jasmine aus den USA hatte drei Abtreibungen, bevor sie zu Christus kam. Obwohl sie erlöst war, konnte sie sich selbst nicht vergeben. Jeder Muttertag fühlte sich wie ein Fluch an. Wenn die Leute über Kinder oder Elternschaft sprachen, fühlte sie sich unsichtbar – und schlimmer noch, unwürdig.

Während einer Frauenfreizeit hörte sie eine Botschaft aus Jesaja 61: „Statt Scham gibt es die doppelte Portion." Sie weinte. In dieser Nacht schrieb sie Briefe an ihre ungeborenen Kinder, bereute erneut vor dem Herrn und hatte eine Vision von Jesus, der ihr neue Namen gab: *„Geliebte", „Mutter", „Wiederhergestellt"*.

Sie betreut jetzt Frauen nach einer Abtreibung und hilft ihnen, ihre Identität in Christus wiederzuerlangen.

Aktionsplan – Aus dem Schatten treten

1. **Benennen Sie die Scham** – Schreiben Sie in Ihr Tagebuch, was Sie verheimlicht haben oder wofür Sie sich schuldig gefühlt haben.
2. **Bekennen Sie die Lüge** – Schreiben Sie die Anschuldigungen auf, die Sie geglaubt haben (z. B. „Ich bin schmutzig", „Ich bin disqualifiziert").
3. **Durch Wahrheit ersetzen** – Verkünden Sie laut Gottes Wort über sich selbst (siehe die Bibelstellen unten).
4. **Prophetische Handlung** – Schreiben Sie das Wort „SCHAM" auf ein Stück Papier und zerreißen oder verbrennen Sie es. Erklären Sie: *„Ich bin nicht länger daran gebunden!"*

Schriftwerkzeuge

- *Römer 8:1–2* – Keine Verdammnis in Christus
- *Jesaja 61:7* – Doppelte Portion für die Schande
- *Psalm 34:5* – Glanz in seiner Gegenwart

- *Hebräer 4:16* – Freimütiger Zugang zum Thron Gottes
- *Zephanja 3:19–20* – Gott beseitigt die Schande unter den Völkern

Gruppenanmeldung & Dienst

- Bitten Sie die Teilnehmer, anonyme Schamaussagen zu schreiben (z. B. „Ich hatte eine Abtreibung", „Ich wurde missbraucht", „Ich habe Betrug begangen") und diese in eine verschlossene Schachtel zu legen.
- Lesen Sie Jesaja 61 laut vor und sprechen Sie dann ein Gebet für den Austausch – Trauer gegen Freude, Asche gegen Schönheit, Scham gegen Ehre.
- Spielen Sie Anbetungsmusik, die die Identität in Christus betont.
- Sprechen Sie prophetische Worte über Personen, die bereit sind, loszulassen.

Werkzeuge des Ministeriums:

- Identitätserklärungskarten
- Salböl
- Anbetungs-Playlist mit Liedern wie „You Say" (Lauren Daigle), „No Longer Slaves" oder „Who You Say I Am"

Wichtige Erkenntnisse

Scham ist ein Dieb. Sie raubt dir deine Stimme, deine Freude und deine Autorität. Jesus hat dir nicht nur deine Sünden vergeben – er hat der Scham ihre Macht genommen.

Reflexionsjournal

- Was ist die früheste Erinnerung an Scham, an die ich mich erinnern kann?
- Welche Lüge habe ich über mich selbst geglaubt?
- Bin ich bereit, mich so zu sehen, wie Gott mich sieht – rein, strahlend und auserwählt?

Gebet der Heilung

Herr Jesus, ich bringe dir meine Scham, meinen verborgenen Schmerz und jede Stimme der Verurteilung. Ich bereue, den Lügen des Feindes über meine Person zugestimmt zu haben. Ich entscheide mich zu glauben, was du sagst –

dass mir vergeben, ich geliebt und erneuert bin. Ich empfange dein Gewand der Gerechtigkeit und trete in die Freiheit. Ich gehe aus der Scham in deine Herrlichkeit. Im Namen Jesu, Amen.

TAG 20: HAUSHEXEREI – WENN DIE DUNKELHEIT UNTER DEM GLEICHEN DACH LEBT

„**N***icht jeder Feind ist draußen. Manche haben bekannte Gesichter.*" „Die Feinde eines Menschen werden seine eigenen Hausgenossen sein."
– *Matthäus 10:36*

Einige der erbittertsten spirituellen Kämpfe werden nicht in Wäldern oder Schreinen ausgetragen, sondern in Schlafzimmern, Küchen und Familienaltären.

Unter häuslicher Hexerei versteht man dämonische Machenschaften, die ihren Ursprung in der Familie haben – bei Eltern, Ehepartnern, Geschwistern, Hauspersonal oder entfernteren Verwandten – und die durch Neid, okkulte Praktiken, Ahnenaltäre oder direkte spirituelle Manipulation verursacht werden.

Die Befreiung wird kompliziert, wenn es sich bei den betroffenen Personen um **diejenigen handelt, die wir lieben oder mit denen wir zusammenleben.**

Globale Beispiele für häusliche Hexerei

- **Afrika** – Eine eifersüchtige Stiefmutter sendet Flüche durch Essen; ein Geschwister beschwört Geister gegen einen erfolgreicheren Bruder.
- **Indien und Nepal** – Mütter weihen ihre Kinder bei der Geburt Gottheiten; Hausaltäre werden verwendet, um das Schicksal zu lenken.
- **Lateinamerika** – Brujeria oder Santeria werden von Verwandten heimlich praktiziert, um Ehepartner oder Kinder zu manipulieren.
- **Europa** – Verborgene Freimaurerei oder okkulte Eide in

Familienlinien; Weitergabe psychischer oder spiritistischer Traditionen.
- **Nordamerika** – Wicca- oder New-Age-Eltern „segnen" ihre Kinder mit Kristallen, Energiereinigung oder Tarot.

Diese Kräfte mögen sich hinter familiärer Zuneigung verstecken, ihr Ziel ist jedoch Kontrolle, Stagnation, Krankheit und geistige Knechtschaft.

Wahre Geschichte – Mein Vater, der Prophet des Dorfes

Eine Frau aus Westafrika wuchs in einem Haus auf, in dem ihr Vater ein hochgeachteter Dorfprophet war. Für Außenstehende war er ein spiritueller Führer. Hinter verschlossenen Türen vergrub er Amulette im Garten und brachte Opfer für Familien dar, die Gunst oder Rache suchten.

In ihrem Leben zeigten sich seltsame Muster: wiederholte Albträume, gescheiterte Beziehungen und unerklärliche Krankheiten. Als sie ihr Leben Christus übergab, wandte sich ihr Vater gegen sie und erklärte, sie würde ohne seine Hilfe nie Erfolg haben. Jahrelang geriet ihr Leben ins Wanken.

Nach Monaten des Mitternachtsgebets und Fastens führte der Heilige Geist sie dazu, jede Seelenverbindung mit dem okkulten Mantel ihres Vaters zu lösen. Sie vergrub heilige Schriften in ihren Mauern, verbrannte alte Gedenksteine und salbte täglich ihre Schwelle. Langsam begannen Durchbrüche: Ihre Gesundheit kehrte zurück, ihre Träume wurden klarer, und sie heiratete endlich. Heute hilft sie anderen Frauen, die vor dem Hausaltar stehen.

Aktionsplan – Konfrontation mit dem vertrauten Geist

1. **Erkennen ohne Schande** – Bitten Sie Gott, verborgene Kräfte ohne Hass zu offenbaren.
2. **Brechen Sie seelische Vereinbarungen** – verzichten Sie auf jede spirituelle Bindung, die durch Rituale, Altäre oder gesprochene Eide hergestellt wurde.
3. **Spirituelle Trennung** – Auch wenn Sie im selben Haus leben, können Sie sich durch Gebet **spirituell trennen** .
4. **Heilige deinen Raum** – Salbe jeden Raum, jedes Objekt und jede Schwelle mit Öl und Schriften.

Schriftwerkzeuge

- *Micha 7:5–7* – Vertraue nicht auf deinen Nächsten
- *Psalm 27:10* – „Wenn mein Vater und meine Mutter mich verlassen ..."
- *Lukas 14:26* – Christus mehr lieben als die Familie
- *2. Könige 11:1–3* – Verborgene Befreiung von einer mörderischen Königinmutter
- *Jesaja 54:17* – Keine Waffe, die geschmiedet wird, wird Erfolg haben

Gruppenanmeldung

- Teilen Sie Erfahrungen mit, bei denen der Widerstand innerhalb der Familie kam.
- Beten Sie um Weisheit, Mut und Liebe angesichts des Widerstands im Haushalt.
- Führen Sie ein Gebet, in dem Sie sich von allen Seelenverwandtschaften und ausgesprochenen Flüchen Ihrer Verwandten lösen.

Werkzeuge des Ministeriums:

- Salböl
- Vergebungserklärungen
- Gebete zur Freigabe des Bundes
- Psalm 91 Gebetsbedeckung

Wichtige Erkenntnisse

Die Blutlinie kann ein Segen oder ein Schlachtfeld sein. Sie sind dazu berufen, sie zu erlösen, nicht sich von ihr beherrschen zu lassen.

Reflexionsjournal

- Habe ich jemals spirituellen Widerstand von einer nahestehenden Person erfahren?
- Gibt es jemanden, dem ich vergeben muss – auch wenn er immer

noch Hexerei betreibt?
- Bin ich bereit, mich abzugrenzen, auch wenn es Beziehungen kostet?

Gebet der Trennung und des Schutzes

Vater, ich erkenne an, dass der größte Widerstand von den Menschen kommen kann, die mir am nächsten stehen. Ich verzeihe jedem Familienmitglied, das wissentlich oder unwissentlich gegen mein Schicksal arbeitet. Ich breche jede Seelenverbindung, jeden Fluch und jeden Bund meiner Familie, der nicht mit Deinem Reich übereinstimmt. Durch das Blut Jesu heilige ich mein Zuhause und erkläre: Ich und mein Haus, wir werden dem Herrn dienen. Amen.

TAG 21: DER GEIST DER ISEBEL – VERFÜHRUNG, KONTROLLE UND RELIGIÖSE MANIPULATION

„Aber ich habe Folgendes gegen dich: Du lässt die Frau Isebel zu, die sich eine Prophetin nennt und mit ihrer Lehre in die Irre führt..." – Offenbarung 2:20

„Ihr Ende wird plötzlich kommen, und es gibt kein Heilmittel." – Sprüche 6:15

Manche Geister schreien von außen.
Isebel flüstert von innen.
Sie verführt nicht nur – sie **usurpiert, manipuliert und korrumpiert**, wodurch Ministerien zerstört, Ehen erstickt und Nationen zur Rebellion verführt werden.

Was ist der Isebel-Geist?
Der Isebel-Geist:

- Imitiert Prophezeiungen, um in die Irre zu führen
- Verwendet Charme und Verführung zur Kontrolle
- Hasst wahre Autorität und bringt Propheten zum Schweigen
- Maskiert Stolz hinter falscher Bescheidenheit
- Hängt oft mit der Führung oder deren Angehörigen zusammen

Dieser Geist kann durch **Männer oder Frauen wirken** und er gedeiht dort, wo unkontrollierte Macht, Ehrgeiz oder Ablehnung nicht geheilt werden.

Globale Manifestationen

- **Afrika** – Falsche Prophetinnen, die Altäre manipulieren und mit Angst Loyalität fordern.

- **Asien** – Religiöse Mystiker vermischen Verführung mit Visionen, um spirituelle Kreise zu dominieren.
- **Europa** – Antike Göttinnenkulte wurden in New-Age-Praktiken unter dem Namen „Empowerment" wiederbelebt.
- **Lateinamerika** – Santeria-Priesterinnen üben durch „spirituelle Beratung" Kontrolle über Familien aus.
- **Nordamerika** – Influencer in den sozialen Medien propagieren „göttliche Weiblichkeit", während sie sich über biblische Unterwerfung, Autorität oder Reinheit lustig machen.

Wahre Geschichte: *Die Isebel, die auf dem Altar saß*

In einem karibischen Land begann eine für Gott brennend brennende Kirche langsam und schleichend zu erlöschen. Die Fürbittegruppe, die sich einst zum Mitternachtsgebet traf, begann sich aufzulösen. Die Jugendarbeit geriet in einen Skandal. Ehen in der Kirche scheiterten, und der einst so leidenschaftliche Pastor wurde unentschlossen und geistlich müde.

Im Mittelpunkt stand eine Frau – **Schwester R.** Schön, charismatisch und großzügig – sie wurde von vielen bewundert. Sie hatte immer ein „Wort vom Herrn" und einen Traum vom Schicksal aller anderen. Sie spendete großzügig für kirchliche Projekte und verdiente sich einen Platz in der Nähe des Pfarrers.

Hinter den Kulissen **verleumdete sie subtil andere Frauen**, verführte einen jungen Pastor und säte die Saat der Zwietracht. Sie positionierte sich als geistliche Autorität, während sie im Stillen die tatsächliche Führung untergrub.

Eines Nachts hatte ein junges Mädchen in der Kirche einen lebhaften Traum: Sie sah eine Schlange, die sich unter der Kanzel zusammengerollt hatte und ins Mikrofon flüsterte. Voller Angst erzählte sie ihrer Mutter davon, die den Traum zum Pfarrer brachte.

drei Tage lang zu fasten, um Gottes Führung zu suchen. Am dritten Tag, während einer Gebetsstunde, begann Schwester R. heftige Reaktionen zu zeigen. Sie zischte, schrie und beschuldigte andere der Hexerei. Es folgte eine kraftvolle Befreiung, und sie gestand: Sie war als Teenager in einen spirituellen Orden aufgenommen worden, dessen Aufgabe es war, **Kirchen zu infiltrieren und „deren Feuer zu stehlen".**

Vor dieser war sie bereits in **fünf Kirchen** gewesen. Ihre Waffe war nicht laut – es waren **Schmeichelei, Verführung, emotionale Kontrolle** und prophetische Manipulation.

Heute hat die Kirche ihren Altar wieder aufgebaut. Die Kanzel wurde neu geweiht. Und das junge Mädchen? Sie ist jetzt eine leidenschaftliche Evangelistin und leitet eine Frauengebetsbewegung.

Aktionsplan – Wie man Jezebel begegnet

1. **Bereuen Sie**, dass Sie Manipulation, sexuelle Kontrolle oder spirituellen Stolz in irgendeiner Weise unterstützt haben.
2. **Erkennen Sie** Isebels Charakterzüge – Schmeichelei, Rebellion, Verführung, falsche Prophezeiung.
3. **Lösen Sie im Gebet Seelenbande** und unheilige Bündnisse – insbesondere mit jedem, der Sie von Gottes Stimme wegführt.
4. **Erklären Sie Ihre Autorität** in Christus. Isebel fürchtet diejenigen, die wissen, wer sie sind.

Schriftarsenal:

- 1. Könige 18–21 – Isebel gegen Elia
- Offenbarung 2:18–29 – Christi Warnung an Thyatira
- Sprüche 6:16–19 – Was Gott hasst
- Galater 5:19–21 – Werke des Fleisches

Gruppenanmeldung

- Besprechen Sie: Waren Sie schon einmal Zeuge spiritueller Manipulation? Wie hat sie sich getarnt?
- Erklären Sie als Gruppe eine Null-Toleranz-Politik gegenüber Jezebel – in der Kirche, zu Hause oder in der Führung.
- Sprechen Sie bei Bedarf ein **Befreiungsgebet** oder fasten Sie, um ihren Einfluss zu brechen.
- Widmen Sie jedes Amt oder jeden Altar, der kompromittiert wurde, neu.

Hilfsmittel für den Gottesdienst:
Verwenden Sie Salböl. Schaffen Sie Raum für Beichte und Vergebung. Singen Sie Loblieder, die die **Herrschaft Jesu verkünden.**

Wichtige Erkenntnisse
Isebel gedeiht dort, wo **Urteilsvermögen gering** und **Toleranz hoch ist**. Ihre Herrschaft endet, wenn die geistliche Autorität erwacht.

Reflexionsjournal

- Habe ich zugelassen, dass ich mich manipulieren lasse?
- Gibt es Menschen oder Einflüsse, die ich über Gottes Stimme gestellt habe?
- Habe ich meine prophetische Stimme aus Angst oder Kontrolle zum Schweigen gebracht?

Gebet der Befreiung
Herr Jesus, ich löse mich von jeder Verbindung mit dem Geist Isebels. Ich lehne Verführung, Kontrolle, falsche Prophezeiungen und Manipulation ab. Reinige mein Herz von Stolz, Angst und Kompromissen. Ich nehme meine Autorität zurück. Lass jeden Altar, den Isebel in meinem Leben errichtet hat, niedergerissen werden. Ich erwähle Dich, Jesus, zum Herrn über meine Beziehungen, meine Berufung und meinen Dienst. Erfülle mich mit Urteilsvermögen und Mut. In Deinem Namen, Amen.

TAG 22: PYTHONS UND GEBETE – DEN GEIST DER EINSCHRÄNKUNG BRECHEN

„Als wir einmal zum Gebetsort gingen, begegnete uns eine Sklavin, die einen Pythongeist hatte ..." – Apostelgeschichte 16:16

„Ihr werdet auf Löwen und Natter treten ..." – Psalm 91:13

Es gibt einen Geist, der nicht beißt – er **drückt**.

Er erstickt Ihr Feuer. Er windet sich um Ihr Gebetsleben, Ihren Atem, Ihre Anbetung, Ihre Disziplin – bis Sie anfangen, das aufzugeben, was Ihnen einst Kraft gab.

Dies ist der Geist von **Python** – eine dämonische Kraft, die **spirituelles Wachstum einschränkt, das Schicksal verzögert, Gebete erstickt und Prophezeiungen fälscht**.

Globale Manifestationen

- **Afrika** – Der Pythongeist erscheint als falsche prophetische Macht, die in Meeres- und Waldheiligtümern wirkt.
- **Asien** – Schlangengeister werden als Gottheiten verehrt, die gefüttert oder besänftigt werden müssen.
- **Lateinamerika** – Santeria-Schlangenaltäre, die für Reichtum, Lust und Macht verwendet werden.
- **Europa** – Schlangensymbole in Hexerei-, Wahrsager- und übersinnlichen Kreisen.
- **Nordamerika** – Gefälschte „prophetische" Stimmen, die auf Rebellion und spiritueller Verwirrung beruhen.

Zeugnis: *Das Mädchen, das nicht atmen konnte*

Marisol aus Kolumbien bekam jedes Mal Atemnot, wenn sie sich zum Beten hinkniete. Ihre Brust verkrampfte sich. In ihren Träumen waren Schlangen zu sehen, die sich um ihren Hals wanden oder unter ihrem Bett lagen. Die Ärzte konnten keine medizinischen Probleme feststellen.

Eines Tages gestand ihre Großmutter, dass Marisol als Kind einem Berggeist „geweiht" worden war, der in Form einer Schlange erschien. Es war ein **„Schutzgeist"**, aber das hatte seinen Preis.

Während eines Befreiungstreffens begann Marisol laut zu schreien, als man ihr die Hände auflegte. Sie spürte, wie sich etwas in ihrem Bauch bewegte, ihre Brust hinauf und dann aus ihrem Mund entwich, als würde Luft ausgestoßen.

Nach dieser Begegnung war ihre Atemnot vorbei. Ihre Träume änderten sich. Sie begann, Gebetstreffen zu leiten – genau das, was der Feind ihr einst austreiben wollte.

Anzeichen dafür, dass Sie möglicherweise unter dem Einfluss des Python-Geistes stehen

- Müdigkeit und Schweregefühl, wenn Sie versuchen zu beten oder anzubeten
- Prophetische Verwirrung oder trügerische Träume
- Ständiges Gefühl, erstickt, blockiert oder gefesselt zu sein
- Depression oder Verzweiflung ohne klaren Grund
- Verlust des spirituellen Verlangens oder der Motivation

Aktionsplan – Engpässe überwinden

1. **Bereuen Sie** jegliche okkulte, psychische oder angestammte Verwicklung.
2. **Erklären Sie, dass Ihr Körper und Geist allein Gott gehören.**
3. **Fasten und Krieg** mit Jesaja 27:1 und Psalm 91:13.
4. **Salben Sie Ihre Kehle, Brust und Füße** – und beanspruchen Sie die Freiheit, zu sprechen, zu atmen und in der Wahrheit zu leben.

Befreiungsschriften:

- Apostelgeschichte 16:16–18 – Paulus treibt den Pythongeist aus

- Jesaja 27:1 – Gott bestraft Leviathan, die fliehende Schlange
- Psalm 91 – Schutz und Autorität
- Lukas 10:19 – Macht, Schlangen und Skorpione zu zertreten

GRUPPENANMELDUNG

- Fragen Sie: Was erstickt unser Gebetsleben – persönlich und gemeinschaftlich?
- Führen Sie ein Gruppen-Atemgebet durch und verkünden Sie den **Atem Gottes** (Ruach) über jedem Mitglied.
- Brechen Sie jeden falschen prophetischen Einfluss oder schlangenartigen Druck bei der Anbetung und Fürbitte.

Hilfsmittel für den Gottesdienst: Anbetung mit Flöten oder Ateminstrumenten, symbolisches Durchschneiden von Seilen, Gebetsschals für die Freiheit des Atmens.

Wichtige Erkenntnisse

Der Python-Geist erstickt, was Gott hervorbringen möchte. Man muss sich ihm stellen, um wieder zu Atem zu kommen und Mut zu entwickeln.

Reflexionsjournal

- Wann habe ich mich beim Beten das letzte Mal völlig frei gefühlt?
- Gibt es Anzeichen geistiger Erschöpfung, die ich ignoriert habe?
- Habe ich unwissentlich „spirituelle Ratschläge" angenommen, die noch mehr Verwirrung gestiftet haben?

Gebet der Befreiung

Vater, im Namen Jesu zerbreche ich jeden einengenden Geist, der mich in meinem Vorhaben ersticken will. Ich schwöre dem Pythongeist und allen falschen prophetischen Stimmen ab. Ich empfange den Atem Deines Geistes und erkläre: Ich werde frei atmen, mutig beten und aufrecht gehen. Jede Schlange, die sich um mein Leben gewunden hat, wird abgeschnitten und hinausgeworfen. Ich empfange jetzt Erlösung. Amen.

TAG 23: THRONES OF INIQUITY – TERRITORIALE FESTUNGEN ZERSTÖREN

„*Sollte etwa der Thron der Ungerechtigkeit, der Böses durch Gesetz plant, Gemeinschaft mit dir haben?*" – Psalm 94:20
„*Wir kämpfen nicht gegen Fleisch und Blut, sondern gegen ... die Herrscher der Finsternis ...*" – Epheser 6:12

Es gibt unsichtbare **Throne** – errichtet in Städten, Nationen, Familien und Systemen –, wo dämonische Mächte **legal** durch Bündnisse, Gesetze, Götzendienst und anhaltende Rebellion herrschen.

Dabei handelt es sich nicht um willkürliche Angriffe. Es handelt sich um **Machthaber**, die tief in Strukturen verwurzelt sind, die das Böse über Generationen hinweg aufrechterhalten.

Solange diese Throne **nicht spirituell abgebaut werden**, werden die Zyklen der Dunkelheit fortbestehen – ganz gleich, wie viele Gebete auf der oberflächlichen Ebene gesprochen werden.

Globale Festungen und Throne

- **Afrika** – Throne der Hexerei in königlichen Blutlinien und traditionellen Räten.
- **Europa** – Throne des Säkularismus, der Freimaurerei und der legalisierten Rebellion.
- **Asien** – Throne der Götzenanbetung in Ahnentempeln und politischen Dynastien.
- **Lateinamerika** – Throne des Drogenterrors, der Todeskulte und der Korruption.
- **Nordamerika** – Throne der Perversion, Abtreibung und Rassenunterdrückung.

Diese Throne beeinflussen Entscheidungen, unterdrücken die Wahrheit und **verschlingen Schicksale**.

Zeugnis: *Befreiung eines Stadtrats*

In einer Stadt im südlichen Afrika musste ein neu gewählter christlicher Stadtrat feststellen, dass alle Amtsträger vor ihm entweder verrückt geworden, geschieden oder plötzlich gestorben waren.

Nach Tagen des Gebets offenbarte der Herr einen **Thron aus Blutopfern,** der unter dem Rathaus vergraben war. Ein örtlicher Seher hatte vor langer Zeit Zaubersprüche platziert, um einen Gebietsanspruch geltend zu machen.

Der Ratsherr versammelte Fürsprecher, fastete und hielt um Mitternacht einen Gottesdienst im Ratssaal ab. Drei Nächte lang berichteten Mitarbeiter von seltsamen Schreien in den Wänden und von Stromausfällen.

Innerhalb einer Woche begannen die Geständnisse. Korruptionsverträge wurden aufgedeckt und innerhalb weniger Monate verbesserten sich die öffentlichen Dienstleistungen. Der Thron war gestürzt.

Aktionsplan – Die Dunkelheit entthronen

1. **Identifizieren Sie den Thron** – bitten Sie den Herrn, Ihnen territoriale Hochburgen in Ihrer Stadt, Ihrem Amt, Ihrer Blutlinie oder Ihrer Region zu zeigen.
2. **Bereue im Namen des Landes** (Fürbitte im Stil von Daniel 9).
3. **Beten Sie strategisch** – Throne zerfallen, wenn Gottes Herrlichkeit die Oberhand gewinnt (siehe 2 Chron. 20).
4. **Erklären Sie den Namen Jesus** als den einzigen wahren König über dieses Gebiet.

Ankerschriften:

- Psalm 94:20 – Throne der Ungerechtigkeit
- Epheser 6:12 – Herrscher und Autoritäten
- Jesaja 28:6 – Geist der Gerechtigkeit für diejenigen, die in die Schlacht ziehen
- 2. Könige 23 – Josia zerstört götzendienerische Altäre und Throne

GRUPPENENGAGEMENT

- Führen Sie eine Sitzung zur „spirituellen Landkarte" Ihrer Nachbarschaft oder Stadt durch.
- Fragen Sie: Welche Zyklen der Sünde, des Schmerzes oder der Unterdrückung gibt es hier?
- Beauftragen Sie „Wächter", die wöchentlich an wichtigen Torstandorten beten: Schulen, Gerichte, Märkte.
- Leiten Sie Gruppenerlasse gegen geistliche Herrscher unter Verwendung von Psalm 149:5–9.

Hilfsmittel für den Gottesdienst: Schofars, Stadtpläne, Olivenöl zur Bodenweihe, Gebetswanderführer.
Wichtige Erkenntnisse
Wenn Sie einen Wandel in Ihrer Stadt erleben möchten, **müssen Sie den Thron hinter dem System herausfordern** – nicht nur das Gesicht davor.
Reflexionsjournal

- Gibt es in meiner Stadt oder Familie wiederkehrende Konflikte, die sich größer anfühlen als ich?
- Habe ich einen Kampf gegen einen Thron geerbt, den ich nicht inthronisiert habe?
- Welche „Herrscher" müssen im Gebet abgesetzt werden?

Gebet des Krieges
Herr, enthülle jeden Thron der Ungerechtigkeit, der über mein Gebiet herrscht. Ich erkläre den Namen Jesu als den einzigen König! Lass jeden verborgenen Altar, jedes Gesetz, jeden Pakt und jede Macht, die die Dunkelheit erzwingt, durch Feuer zerstreut werden. Ich nehme meinen Platz als Fürsprecher ein. Durch das Blut des Lammes und das Wort meines Zeugnisses reiße ich Throne nieder und setze Christus über mein Zuhause, meine Stadt und mein Land. Im Namen Jesu. Amen.

TAG 24: SEELENFRAGMENTE – WENN TEILE VON DIR FEHLEN

„**E**r erquickt meine Seele ..." – Psalm 23:3
„Ich werde deine Wunden heilen, spricht der Herr, weil du ein Ausgestoßener genannt wirst ..." – Jeremia 30:17

Traumata können die Seele erschüttern. Missbrauch. Ablehnung. Verrat. Plötzliche Angst. Anhaltende Trauer. Diese Erlebnisse hinterlassen nicht nur Erinnerungen – sie **zerbrechen auch Ihr Inneres**.

Viele Menschen scheinen ganz zu sein, doch ihnen **fehlt ein Teil ihrer Persönlichkeit**. Ihre Freude ist zersplittert. Ihre Identität ist zerrüttet. Sie sind in emotionalen Zeitzonen gefangen – ein Teil von ihnen steckt in einer schmerzhaften Vergangenheit fest, während der Körper immer weiter altert.

Dies sind **Seelenfragmente** – Teile Ihres emotionalen, psychologischen und spirituellen Selbst, die aufgrund eines Traumas, dämonischer Einmischung oder Hexerei abgebrochen wurden.

Solange diese Teile nicht durch Jesus zusammengefügt, geheilt und wieder zusammengefügt sind, **bleibt wahre Freiheit unerreichbar**.

Globale Praktiken des Seelendiebstahls

- **Afrika** – Medizinmänner fangen die „Essenz" der Menschen in Gefäßen oder Spiegeln ein.
- **Asien** – Rituale zur Seelenfang durch Gurus oder tantrische Praktizierende.
- **Lateinamerika** – Schamanische Seelenspaltung zur Kontrolle oder gegen Flüche.
- **Europa** – Okkulte Spiegelmagie wird verwendet, um die Identität zu zerstören oder Gunst zu ergaunern.
- **Nordamerika** – Traumata durch sexuellen Missbrauch, Abtreibung

oder Identitätsverwirrung verursachen oft tiefe seelische Wunden und Zersplitterung.

Geschichte: *Das Mädchen, das nichts fühlen konnte*
Andrea, eine 25-jährige Spanierin, wurde jahrelang von einem Familienmitglied missbraucht. Obwohl sie Jesus angenommen hatte, blieb sie emotional taub. Sie konnte weder weinen, noch lieben oder Mitgefühl empfinden.

Ein Pfarrer, der zu Besuch war, stellte ihr eine seltsame Frage: „Wo haben Sie Ihre Freude gelassen?" Als Andrea die Augen schloss, erinnerte sie sich daran, wie sie als Neunjährige zusammengerollt in einem Schrank gewesen war und sich gesagt hatte: „Ich werde nie wieder etwas fühlen."

Sie beteten gemeinsam. Andrea vergab, widerrief ihre inneren Gelübde und lud Jesus in diese besondere Erinnerung ein. Zum ersten Mal seit Jahren weinte sie hemmungslos. An diesem Tag **wurde ihre Seele wiederhergestellt**.

Aktionsplan – Seelenrückholung und Heilung

1. Fragen Sie den Heiligen Geist: *Wo habe ich einen Teil von mir selbst verloren?*
2. Verzeihen Sie allen, die in diesem Moment involviert waren, und **brechen Sie innere Schwüre** wie „Ich werde nie wieder vertrauen."
3. Laden Sie Jesus in die Erinnerung ein und sprechen Sie in diesem Moment Heilung aus.
4. Beten Sie: *„Herr, gib meine Seele wieder her. Ich rufe jedes meiner Teile dazu auf, zurückzukehren und ganz zu werden."*

Wichtige Bibelstellen:

- Psalm 23:3 – Er erquickt die Seele
- Lukas 4:18 – Heilung derer, die ein gebrochenes Herz haben
- 1. Thessalonicher 5,23 – Geist, Seele und Leib bewahrt
- Jeremia 30:17 – Heilung für Ausgestoßene und Wunden

Gruppenanmeldung

- Führen Sie die Mitglieder durch eine geführte **Gebetssitzung zur inneren Heilung**.
- Fragen Sie: *Gab es Momente in Ihrem Leben, in denen Sie aufgehört haben zu vertrauen, zu fühlen oder zu träumen?*
- Spielen Sie mit Jesus das Rollenspiel „Zurück in diesen Raum" und beobachten Sie, wie er die Wunde heilt.
- Lassen Sie vertrauenswürdige Führer sanft die Hände auf die Köpfe legen und die Wiederherstellung der Seele verkünden.

Hilfsmittel für den Gottesdienst: Anbetungsmusik, sanfte Beleuchtung, Taschentücher, Anregungen zum Tagebuchschreiben.

Wichtige Erkenntnisse

Befreiung bedeutet nicht nur, Dämonen auszutreiben. Es geht darum, **die zerbrochenen Teile wieder zusammenzufügen und die eigene Identität wiederherzustellen**.

Reflexionsjournal

- Welche traumatischen Ereignisse beeinflussen noch heute mein Denken und Fühlen?
- Habe ich jemals gesagt: „Ich werde nie wieder lieben" oder „Ich kann niemandem mehr vertrauen"?
- Wie sieht „Ganzheit" für mich aus – und bin ich bereit dafür?

GEBET DER WIEDERHERSTELLUNG

Jesus, du bist der Hirte meiner Seele. Ich bringe dich an jeden Ort, an dem ich erschüttert wurde – durch Angst, Scham, Schmerz oder Verrat. Ich breche jeden inneren Schwur und jeden Fluch, den ich im Trauma ausgesprochen habe. Ich vergebe denen, die mich verletzt haben. Jetzt rufe ich jeden Teil meiner Seele zurück. Erneuere mich vollständig – Geist, Seele und Körper. Ich bin nicht für immer gebrochen. Ich bin ganz in dir. In Jesu Namen. Amen.

TAG 25: DER FLUCH DER FREMDEN KINDER – WENN SCHICKSALE BEI DER GEBURT AUSGETAUSCHT WERDEN

„*Ihre Kinder sind fremde Kinder; nun wird ein Monat sie mit ihrem Anteil verschlingen.*" – Hosea 5:7 „*Bevor ich dich im Mutterleib formte, kannte ich dich ...*" – Jeremia 1:5

Nicht jedes Kind, das in ein bestimmtes Zuhause hineingeboren wird, ist für dieses Zuhause bestimmt.

Nicht jedes Kind, das Ihre DNA in sich trägt, trägt auch Ihr Erbe in sich.

Der Feind nutzt **die Geburt schon seit langem als Schlachtfeld** : Er tauscht Schicksale aus, pflanzt gefälschte Nachkommen, führt Babys in dunkle Bündnisse ein und manipuliert die Gebärmutter, bevor die Empfängnis überhaupt beginnt.

Dabei handelt es sich nicht nur um eine physische Angelegenheit. Es handelt sich um **eine spirituelle Transaktion** , die Altäre, Opfer und dämonische Gesetzmäßigkeiten beinhaltet.

Was sind seltsame Kinder?

„Fremde Kinder" sind:

- Kinder, die durch okkulte Hingabe, Rituale oder sexuelle Bündnisse geboren wurden.
- Die Nachkommen tauschten bei der Geburt (entweder geistig oder körperlich).
- Kinder, die dunkle Aufgaben in eine Familie oder Abstammungslinie hineintragen.
- Seelen, die durch Hexerei, Nekromantie oder Generationenaltäre im Mutterleib gefangen wurden.

Viele Kinder wachsen in Rebellion, Sucht und Hass auf ihre Eltern oder sich selbst auf – nicht nur aufgrund schlechter Erziehung, sondern auch aufgrund der **Menschen, die sie bei der Geburt geistig beansprucht haben**.

GLOBALE AUSDRÜCKE

- **Afrika** – Spiritueller Austausch in Krankenhäusern, Gebärmutterverschmutzung durch Meeresgeister oder ritueller Sex.
- **Indien** – Kinder werden vor ihrer Geburt in Tempel oder karmabasierte Schicksale eingeweiht.
- **Haiti und Lateinamerika** – Santeria-Widmungen, Kinder, die auf Altären oder nach Zaubersprüchen gezeugt wurden.
- **Westliche Nationen** – IVF- und Leihmutterschaftspraktiken, die manchmal an okkulte Verträge oder Spenderlinien geknüpft sind; Abtreibungen, die spirituelle Türen offen lassen.
- **Indigene Kulturen weltweit** – Zeremonien zur Namensgebung von Geistern oder totemistische Identitätsübertragungen.

Geschichte: *Das Baby mit dem falschen Geist*
Clara, eine Krankenschwester aus Uganda, erzählte, wie eine Frau ihr Neugeborenes zu einem Gebetstreffen mitbrachte. Das Kind schrie ständig, lehnte die Milch ab und reagierte heftig auf Gebete.

Ein prophetisches Wort offenbarte, dass das Baby bei der Geburt im Geiste „ausgetauscht" worden war. Die Mutter gestand, dass ein Medizinmann über ihrem Bauch gebetet hatte, als sie sich verzweifelt ein Kind wünschte.

Durch Reue und intensive Gebete um Befreiung wurde das Baby schlaff und dann friedlich. Später gedieh das Kind und zeigte Anzeichen wiederhergestellten Friedens und einer gesunden Entwicklung.

Nicht alle Leiden bei Kindern sind angeboren. Manche sind **von Geburt an angelegt**.

Aktionsplan – Das Schicksal der Gebärmutter zurückgewinnen

1. Wenn Sie Eltern sind, **weihen Sie Ihr Kind erneut Jesus Christus**.

2. Verzichten Sie auf alle vorgeburtlichen Flüche, Widmungen oder Bündnisse – auch wenn diese unwissentlich von Ihren Vorfahren eingegangen wurden.
3. Sprechen Sie im Gebet direkt zum Geist Ihres Kindes: „*Du gehörst Gott. Dein Schicksal ist wiederhergestellt.*"
4. Wenn Sie keine Kinder haben, beten Sie über Ihrer Gebärmutter und lehnen Sie alle Formen spiritueller Manipulation oder Manipulation ab.

Wichtige Bibelstellen:

- Hosea 9:11–16 – Gericht über fremden Samen
- Jesaja 49:25 – Kämpfe für deine Kinder
- Lukas 1:41 – Mit Geist erfüllte Kinder von Mutterleib an
- Psalm 139:13–16 – Gottes bewusste Planung im Mutterleib

Gruppenengagement

- Bitten Sie die Eltern, Namen oder Fotos ihrer Kinder mitzubringen.
- Verkünden Sie über jedem Namen: „Die Identität Ihres Kindes ist wiederhergestellt. Jede fremde Hand ist abgeschnitten."
- Beten Sie für die spirituelle Reinigung der Gebärmutter aller Frauen (und Männer als spirituelle Samenträger).
- Verwenden Sie die Kommunion, um die Wiedererlangung des Schicksals der Blutlinie zu symbolisieren.

Hilfsmittel für den Gottesdienst: Kommunion, Salböl, aufgedruckte Namen oder Babyartikel (optional).

Wichtige Erkenntnisse

Satan hat es auf die Gebärmutter abgesehen, denn **dort werden Propheten, Krieger und Schicksale geformt** . Doch jedes Kind kann durch Christus zurückgewonnen werden.

Reflexionsjournal

- Hatte ich während der Schwangerschaft oder nach der Geburt jemals

seltsame Träume?
- Haben meine Kinder auf eine Art und Weise zu kämpfen, die unnatürlich erscheint?
- Bin ich bereit, mich mit den spirituellen Ursprüngen der Rebellion oder Verzögerung einer Generation auseinanderzusetzen?

Gebet der Rückgewinnung

Vater, ich bringe meinen Schoß, meine Nachkommen und meine Kinder zu Deinem Altar. Ich bereue jede Tür – ob bekannt oder unbekannt –, die dem Feind Zugang gewährte. Ich breche jeden Fluch, jede Weihe und jeden dämonischen Auftrag, der mit meinen Kindern verbunden ist. Ich spreche über sie: Du bist heilig, auserwählt und versiegelt zur Ehre Gottes. Dein Schicksal ist erlöst. Im Namen Jesu. Amen.

TAG 26: VERBORGENE ALTÄRE DER MACHT – SICH VON DEN OKKULTISCHEN BÜNDEN DER ELITE BEFREIEN

„Wiederum führte ihn der Teufel mit sich auf einen sehr hohen Berg und zeigte ihm alle Reiche der Welt und ihre Herrlichkeit. Und er sprach: Das alles will ich dir geben, wenn du niederfällst und mich anbetest." – Matthäus 4:8-9

Viele glauben, satanische Macht sei nur in Hinterzimmerritualen oder dunklen Dörfern zu finden. Doch einige der gefährlichsten Bündnisse verbergen sich hinter eleganten Anzügen, Eliteclubs und generationenübergreifendem Einfluss.

Es handelt sich um **Altäre der Macht** – geformt durch Blutschwüre, Initiationen, geheime Symbole und mündliche Versprechen, die Einzelne, Familien und sogar ganze Nationen an Luzifers Herrschaft binden. Von der Freimaurerei bis zu kabbalistischen Riten, von östlichen Sterninitiationen bis zu altägyptischen und babylonischen Mysterienschulen – sie versprechen Erleuchtung, führen aber nur zu Knechtschaft.

Globale Verbindungen

- **Europa und Nordamerika** – Freimaurerei, Rosenkreuzertum, Orden des Golden Dawn, Skull & Bones, Bohemian Grove, Kabbala-Initiationen.
- **Afrika** – Politische Blutpakte, Verhandlungen mit den Geistern der Vorfahren um die Herrschaft, Hexerei-Allianzen auf höchster Ebene.
- **Asien** – Erleuchtete Gesellschaften, Pakte mit Drachengeistern, Blutliniendynastien, die mit alter Zauberei verbunden sind.
- **Lateinamerika** – Politische Santeria, kartellgebundener ritueller

Schutz, Pakte für Erfolg und Immunität.
- **Naher Osten** – Alte babylonische und assyrische Riten, die unter religiösem oder königlichem Deckmantel weitergegeben wurden.

Zeugnis – Der Enkel eines Freimaurers findet die Freiheit

Carlos, der in einer einflussreichen Familie in Argentinien aufwuchs, erfuhr nie, dass sein Großvater den 33. Grad der Freimaurerei erreicht hatte. Seltsame Erscheinungen plagten sein Leben – Schlaflähmung, Beziehungssabotage und die anhaltende Unfähigkeit, Fortschritte zu machen, egal wie sehr er sich bemühte.

Nachdem er einen Befreiungskurs besucht hatte, der okkulte Verbindungen zur Elite aufdeckte, setzte er sich mit seiner Familiengeschichte auseinander und fand freimaurerische Insignien und versteckte Tagebücher. Während eines Mitternachtsfastens sagte er sich von jedem Blutsbund los und erklärte seine Freiheit in Christus. Noch in derselben Woche erhielt er den beruflichen Durchbruch, auf den er jahrelang gewartet hatte.

Hochrangige Altäre erzeugen hochrangigen Widerstand – doch das **Blut Jesu** spricht lauter als jeder Eid oder jedes Ritual.

Aktionsplan – Die versteckte Loge aufdecken

1. **Untersuchen Sie** : Gibt es in Ihrer Blutlinie freimaurerische, esoterische oder geheime Verbindungen?
2. **Verzichten Sie auf** jeden bekannten und unbekannten Bund, indem Sie Erklärungen auf der Grundlage von Matthäus 10:26–28 abgeben.
3. **Verbrennen oder entfernen Sie** alle okkulten Symbole: Pyramiden, allsehende Augen, Kompasse, Obelisken, Ringe oder Roben.
4. **Bete laut** :

„Ich breche jede geheime Vereinbarung mit Geheimgesellschaften, Lichtkulten und falschen Bruderschaften. Ich diene nur dem Herrn Jesus Christus."

Gruppenanmeldung

- Lassen Sie die Mitglieder alle bekannten oder vermuteten Verbindungen zur Elite und zum Okkultismus aufschreiben.
- Führen Sie einen **symbolischen Akt des Trennens durch** – zerreißen

Sie Papiere, verbrennen Sie Bilder oder salben Sie ihre Stirn als Zeichen der Trennung.
- Verwenden Sie **Psalm 2,** um die Zerschlagung nationaler und familiärer Verschwörungen gegen den Gesalbten des Herrn zu verkünden.

Wichtige Erkenntnisse

Satans größte Macht ist oft in Geheimniskrämerei und Prestige gehüllt. Wahre Freiheit beginnt, wenn Sie diese Altäre entlarven, ihnen entsagen und sie durch Anbetung und Wahrheit ersetzen.

Reflexionsjournal

- Habe ich Reichtum, Macht oder Möglichkeiten geerbt, die sich spirituell „falsch" anfühlen?
- Gibt es geheime Verbindungen in meiner Abstammung, die ich ignoriert habe?
- Was kostet es mich, den gottlosen Zugang zur Macht zu unterbinden – und bin ich dazu bereit?

Gebet der Befreiung

Vater, ich verlasse jede verborgene Loge, jeden Altar und jede Vereinbarung – in meinem Namen oder im Namen meiner Blutsverwandten. Ich löse jede Seelenverbindung, jede Blutsverwandtschaft und jeden Eid, den ich wissentlich oder unwissentlich geleistet habe. Jesus, du bist mein einziges Licht, meine einzige Wahrheit und mein einziger Schutz. Lass dein Feuer jede ungöttliche Verbindung zu Macht, Einfluss oder Täuschung verzehren . Ich empfange völlige Freiheit, im Namen Jesu. Amen.

TAG 27: UNHEILIGE ALLIANZEN – FREIMAUREREI, ILLUMINATI & SPIRITUELLE INFILTRATION

„**H**abt nichts zu tun mit den unfruchtbaren Werken der Finsternis, sondern deckt sie vielmehr auf." – Epheser 5:11

„Ihr könnt nicht den Kelch des Herrn trinken und zugleich den Kelch der Dämonen." – 1. Korinther 10:21

Es gibt Geheimgesellschaften und globale Netzwerke, die sich als harmlose Bruderschaften präsentieren und Wohltätigkeit, Verbundenheit oder Erleuchtung anbieten. Doch hinter dem Vorhang verbergen sich tiefere Eide, Blutrituale, Seelenbande und Schichten luziferischer Lehren, die in „Licht" gehüllt sind.

Die Freimaurerei, die Illuminaten, Eastern Star, Skull and Bones und ihre Schwesternetzwerke sind nicht bloß gesellschaftliche Clubs. Sie sind Altäre der Treue – manche davon jahrhundertealt – und darauf angelegt, Familien, Regierungen und sogar Kirchen spirituell zu infiltrieren.

Globale Präsenz

- **Nordamerika und Europa** – Freimaurertempel, Logen des Schottischen Ritus, Skull & Bones in Yale.
- **Afrika** – Politische und königliche Initiationen mit Freimaurerriten, Blutpakten zum Schutz oder zur Macht.
- **Asien** – Kabbala-Schulen, getarnt als mystische Erleuchtung, geheime Klosterriten.
- **Lateinamerika** – Versteckte Eliteorden, Santeria verschmolzen mit dem Einfluss der Elite und Blutpakten.
- **Naher Osten** – Geheimgesellschaften des alten Babylon, die mit Machtstrukturen und der Anbetung falschen Lichts verbunden

waren.

DIESE NETZWERKE:

- Erfordert Blut oder gesprochene Eide.
- Verwenden Sie okkulte Symbole (Kompasse, Pyramiden, Augen).
- Führen Sie Zeremonien durch, um einen Orden anzurufen oder seine Seele einem Orden zu widmen.
- Gewähren Sie Einfluss oder Reichtum im Austausch für spirituelle Kontrolle.

Zeugnis – Das Geständnis eines Bischofs

Ein Bischof in Ostafrika gestand seiner Kirche, dass er während seines Studiums einmal auf niedriger Ebene der Freimaurerei beigetreten war – nur um „Beziehungen" zu haben. Doch als er in den Rängen aufstieg, bemerkte er seltsame Anforderungen: einen Schweigeeid, Zeremonien mit Augenbinden und Symbolen und ein „Licht", das sein Gebetsleben kalt machte. Er hörte auf zu träumen. Er konnte die Heilige Schrift nicht mehr lesen.

Nachdem er Buße getan und öffentlich jeden Rang und jedes Gelübde aufgegeben hatte, lichtete sich der geistliche Nebel. Heute predigt er mutig Christus und enthüllt, woran er einst beteiligt war. Die Ketten waren unsichtbar – bis sie zerbrochen wurden.

Aktionsplan – Brechen des Einflusses der Freimaurerei und Geheimgesellschaften

1. **Geben Sie an,** ob Sie persönlich oder in Ihrer Familie mit der Freimaurerei, dem Rosenkreuzertum, der Kabbala, Skull and Bones oder ähnlichen Geheimorden verbunden sind.
2. **Verzichten Sie auf jede Stufe oder jeden Grad der Initiation**, vom 1. bis zum 33. oder höher, einschließlich aller Rituale, Zeichen und Eide. (Geführte Befreiungs-Entsagungen finden Sie möglicherweise online.)
3. **Beten Sie mit Autorität**:

„Ich breche jede Seelenverbindung, jeden Blutsbund und jeden Eid, der gegenüber Geheimgesellschaften geleistet wurde – von mir oder in meinem Namen. Ich fordere meine Seele für Jesus Christus zurück!"

1. **Zerstören Sie symbolische Gegenstände** : Insignien, Bücher, Zertifikate, Ringe oder gerahmte Bilder.
2. **Erklären Sie** Ihre Freiheit mit:
   - *Galater 5:1*
   - *Psalm 2:1-6*
   - *Jesaja 28:15-18*

Gruppenanmeldung

- Lassen Sie die Gruppe die Augen schließen und den Heiligen Geist bitten, alle geheimen Verbindungen oder Familienbande zu offenbaren.
- Konzern-Abkehr: Sprechen Sie ein Gebet, um jede bekannte oder unbekannte Verbindung zu Elite-Orden zu verurteilen.
- Nutzen Sie die Kommunion, um den Bruch zu besiegeln und die Bündnisse mit Christus neu auszurichten.
- Salben Sie Köpfe und Hände – stellen Sie die Klarheit des Geistes und heilige Werke wieder her.

Wichtige Erkenntnisse

Was die Welt „Elite" nennt, mag Gott als Abscheulichkeit bezeichnen. Nicht jeder Einfluss ist heilig – und nicht jedes Licht ist Licht. Es gibt keine harmlose Geheimhaltung, wenn es um spirituelle Eide geht.

Reflexionsjournal

- War ich Mitglied von Geheimorden oder mystischen Erleuchtungsgruppen oder neugierig auf sie?
- Gibt es Anzeichen für geistige Blindheit, Stagnation oder Kälte in meinem Glauben?
- Muss ich der Einmischung meiner Familie mit Mut und Anmut begegnen?

Gebet der Freiheit

Herr Jesus, ich komme vor dich als das einzig wahre Licht. Ich löse mich von jeder Bindung, jedem Eid, jedem falschen Licht und jedem geheimen Orden, der Anspruch auf mich erhebt. Ich löse mich von der Freimaurerei, Geheimgesellschaften, alten Bruderschaften und allen spirituellen Bindungen an die Dunkelheit. Ich erkläre, dass ich allein unter dem Blut Jesu stehe – versiegelt, erlöst und frei. Lass deinen Geist alle Überreste dieser Bündnisse verbrennen. Im Namen Jesu, Amen.

TAG 28: Kabbala, Energienetze und die Verlockung des mystischen „Lichts"

„**D**enn der Satan selbst verkleidet sich als Engel des Lichts." – 2. Korinther 11:14

„Das Licht in dir ist Finsternis – wie tief ist diese Finsternis!" – Lukas 11:35

In einer Zeit, die von spiritueller Erleuchtung besessen ist, tauchen viele unwissentlich in alte kabbalistische Praktiken, Energieheilung und mystische Lichtlehren ein, die auf okkulten Lehren beruhen. Diese Lehren werden oft als „christliche Mystik", „jüdische Weisheit" oder „wissenschaftlich fundierte Spiritualität" getarnt – doch sie stammen aus Babylon, nicht aus Zion.

Die Kabbala ist nicht nur ein jüdisches philosophisches System; sie ist eine spirituelle Matrix, die auf geheimen Codes, göttlichen Emanationen (Sefirot) und esoterischen Pfaden aufbaut. Es ist dieselbe verführerische Täuschung, die auch hinter Tarot, Numerologie, Tierkreisportalen und New-Age-Gittern steckt.

Viele Prominente, Influencer und Wirtschaftsmagnaten tragen rote Schnüre, meditieren mit Kristallenergie oder folgen dem Sohar, ohne zu wissen, dass sie an einem unsichtbaren System spiritueller Gefangenschaft teilnehmen.

Globale Verflechtungen

- **Nordamerika** – Als Wellness-Räume getarnte Kabbala-Zentren; geführte Energiemeditationen.
- **Europa** – Druidische Kabbala und esoterisches Christentum, das in Geheimorden gelehrt wird.
- **Afrika** – Wohlstandskulte vermischen Heilige Schriften mit Numerologie und Energieportalen.
- **Asien** – Chakra-Heilung neu definiert als „Lichtaktivierung",

ausgerichtet an universellen Codes.
- **Lateinamerika** – Heilige vermischt mit kabbalistischen Erzengeln im mystischen Katholizismus.

Dies ist die Verführung durch falsches Licht – wo Wissen zu einem Gott und Erleuchtung zu einem Gefängnis wird.

Echtes Zeugnis – Der „Lichtfalle" entkommen

Marisol, eine südamerikanische Business-Coachin, glaubte, durch Numerologie und den „göttlichen Energiefluss" eines kabbalistischen Mentors wahre Weisheit gefunden zu haben. Ihre Träume wurden lebendig, ihre Visionen klar. Doch ihr innerer Frieden? Weg. Ihre Beziehungen? Zerbrachen.

Trotz ihrer täglichen „Lichtgebete" wurde sie im Schlaf von schattenhaften Wesen gequält. Eine Freundin schickte ihr das Video eines ehemaligen Mystikers, der Jesus begegnet war. In dieser Nacht rief Marisol zu Jesus. Sie sah ein blendend weißes Licht – nicht mystisch, sondern rein. Der Frieden kehrte zurück. Sie vernichtete ihre Materialien und begann ihre Reise der Befreiung. Heute betreibt sie eine christlich orientierte Mentoring-Plattform für Frauen, die in spiritueller Täuschung gefangen sind.

Aktionsplan – Verzicht auf falsche Erleuchtung

1. **Überprüfen Sie** Ihre Exposition: Haben Sie mystische Bücher gelesen, Energieheilung praktiziert, Horoskope befolgt oder rote Fäden getragen?
2. **Bereue** , dass du außerhalb Christi nach Licht gesucht hast.
3. **Gleichstand auflösen** mit:
    - Kabbala/Zohar-Lehren
    - Energiemedizin oder Lichtaktivierung
    - Engelanrufungen oder Namensentschlüsselung
    - Heilige Geometrie, Numerologie oder „Codes"
4. **Bete laut** :

„Jesus, du bist das Licht der Welt. Ich lehne jedes falsche Licht, jede okkulte Lehre und jede mystische Falle ab. Ich kehre zu dir zurück, meiner einzigen Quelle der Wahrheit!"

1. **Zu verkündende Schriftstellen :**
    - Johannes 8:12
    - 5. Mose 18:10-12
    - Jesaja 2:6
    - 2. Korinther 11:13-15

Gruppenanmeldung

- Fragen Sie: Haben Sie (oder Ihre Familie) jemals an New Age, Numerologie, Kabbala oder mystischen „Licht"-Lehren teilgenommen oder waren Sie damit in Berührung gekommen?
- Gruppenweise Abkehr vom falschen Licht und erneute Hingabe an Jesus als das einzige Licht.
- Verwenden Sie Salz- und Lichtbilder – geben Sie jedem Teilnehmer eine Prise Salz und eine Kerze, um zu erklären: „Ich bin Salz und Licht allein in Christus."

Wichtige Erkenntnisse

Nicht alles Licht ist heilig. Was außerhalb von Christus leuchtet, wird letztendlich verzehren.

Reflexionsjournal

- Habe ich Wissen, Kraft oder Heilung außerhalb des Wortes Gottes gesucht?
- Welche spirituellen Werkzeuge oder Lehren muss ich loswerden?
- Gibt es jemanden, den ich in New Age oder „leichte" Praktiken eingeführt habe und den ich nun wieder zurückführen muss?

Gebet der Befreiung

Vater, ich schließe mich jedem Geist des falschen Lichts, der Mystik und des geheimen Wissens an. Ich schwöre der Kabbala, der Numerologie, der heiligen Geometrie und jedem dunklen Code ab, der sich als Licht ausgibt. Ich erkläre, dass Jesus das Licht meines Lebens ist. Ich verlasse den Pfad der Täuschung und trete in die Wahrheit ein. Reinige mich mit Deinem Feuer und erfülle mich mit dem Heiligen Geist. Im Namen Jesu. Amen.

TAG 29: DER SCHLEIER DER ILLUMINATI – DIE ENTHÜLLUNG DER OKKULTEN ELITE-NETZWERKE

„*Die Könige der Erde erheben sich, und die Herrscher verbünden sich gegen den Herrn und seinen Gesalbten.*" – Psalm 2:2

„*Nichts ist verborgen, was nicht offenbar wird, und nichts geheim, was nicht ans Licht kommt.*" – Lukas 8:17

Es gibt eine Welt in unserer Welt. Verborgen vor aller Augen.

Von Hollywood bis zur Hochfinanz, von politischen Korridoren bis zu Musikimperien – ein Netzwerk aus dunklen Allianzen und spirituellen Verträgen beherrscht Systeme, die Kultur, Denken und Macht prägen. Es ist mehr als eine Verschwörung – es ist uralte Rebellion, neu verpackt für die moderne Bühne.

Die Illuminaten sind im Kern nicht einfach eine Geheimgesellschaft – sie verfolgen eine luziferische Agenda. Eine spirituelle Pyramide, in der die Spitzen durch Blut, Rituale und Seelenaustausch Treue schwören, oft verpackt in Symbole, Mode und Popkultur, um die Massen zu beeinflussen.

Es geht hier nicht um Paranoia. Es geht um Bewusstsein.

WAHRE GESCHICHTE – Eine Reise vom Ruhm zum Glauben

Marcus war ein aufstrebender Musikproduzent in den USA. Als sein dritter großer Hit die Charts stürmte, wurde er in einen exklusiven Club aufgenommen – mächtige Männer und Frauen, spirituelle „Mentoren", geheime Verträge. Anfangs wirkte es wie eine Elite-Betreuung. Dann kamen die „Anrufungssitzungen" – dunkle Räume, rotes Licht, Gesänge und Spiegelrituale. Er erlebte außerkörperliche Reisen, Stimmen flüsterten ihm nachts Lieder zu.

Eines Nachts, unter Einfluss und Qualen, versuchte er, sich das Leben zu nehmen. Doch Jesus griff ein. Die Fürsprache einer betenden Großmutter verschaffte ihm den Durchbruch. Er floh, sagte sich vom System los und begann eine lange Reise der Befreiung. Heute enthüllt er die Dunkelheit der Branche durch Musik, die vom Licht zeugt.

VERSTECKTE KONTROLLSYSTEME

- **Blutopfer und Sexrituale** – Die Aufnahme in die Macht erfordert einen Austausch: Körper, Blut oder Unschuld.
- **Gedankenprogrammierung (MK-Ultra-Muster)** – Wird in Medien, Musik und Politik verwendet, um gebrochene Identitäten und Handler zu erstellen.
- **Symbolik** – Pyramidenaugen, Phönixe, Schachbrettböden, Eulen und umgekehrte Sterne – Tore der Treue.
- **Luziferische Lehre** – „Tu, was du willst", „Werde dein eigener Gott", „Lichtbringer-Erleuchtung".

Aktionsplan – Befreiung aus den Netzen der Elite

1. **Bereuen Sie** Ihre Teilnahme an Systemen, die mit okkulter Ermächtigung verbunden sind, auch wenn Sie es nicht wissen (Musik, Medien, Verträge).
2. **Verzichten Sie** um jeden Preis auf Ruhm, geheime Vereinbarungen oder die Faszination für den Lebensstil der Elite.
3. **Beten Sie für** jeden Vertrag, jede Marke oder jedes Netzwerk, dem Sie angehören. Bitten Sie den Heiligen Geist, verborgene Verbindungen aufzudecken.
4. **Erklären Sie laut**:

„Ich lehne jedes System, jeden Eid und jedes Symbol der Dunkelheit ab. Ich gehöre zum Königreich des Lichts. Meine Seele steht nicht zum Verkauf!"

1. **Ankerschriften**:

- Jesaja 28:15–18 – Der Bund mit dem Tod wird nicht bestehen
- Psalm 2 – Gott lacht über böse Verschwörungen
- 1. Korinther 2,6–8 – Die Herrscher dieser Zeit verstehen Gottes Weisheit nicht

GRUPPENANMELDUNG

- Leiten Sie die Gruppe durch eine **Symbolreinigungssitzung** – bringen Sie Bilder oder Logos mit, zu denen die Teilnehmer Fragen haben.
- Ermutigen Sie die Menschen, mitzuteilen, wo sie in der Popkultur Illuminati-Zeichen gesehen haben und wie diese ihre Ansichten geprägt haben.
- Fordern Sie die Teilnehmer auf, **ihren Einfluss** (Musik, Mode, Medien) erneut dem Zweck Christi zu widmen.

Wichtige Erkenntnisse
Die mächtigste Täuschung ist die, die sich im Glamour verbirgt. Aber wenn die Maske abgenommen wird, brechen die Ketten.

Reflexionsjournal

- Fühle ich mich zu Symbolen oder Bewegungen hingezogen, die ich nicht ganz verstehe?
- Habe ich im Streben nach Einfluss oder Ruhm Gelübde abgelegt oder Vereinbarungen getroffen?
- Welchen Teil meiner Gaben oder meiner Plattform muss ich Gott erneut übergeben?

Gebet der Freiheit
Vater, ich lehne jede verborgene Struktur, jeden Eid und jeden Einfluss der Illuminaten und der okkulten Elite ab. Ich verzichte auf Ruhm ohne Dich, auf Macht ohne Sinn und auf Wissen ohne den Heiligen Geist. Ich kündige jeden

Bund, den ich durch Blut oder Worte je über mich geschlossen habe, wissentlich oder unwissentlich. Jesus, ich erwähle Dich zum Herrn über meinen Verstand, meine Gaben und mein Schicksal. Enthülle und zerstöre jede unsichtbare Kette. In Deinem Namen erhebe ich mich und wandle im Licht. Amen.

TAG 30: DIE MYSTERIENSCHULEN – ALTE GEHEIMNISSE, MODERNE KNECHTSCHAFT

„*Ihre Kehlen sind offene Gräber, ihre Zungen treiben Betrug. Otterngift ist auf ihren Lippen.*" – Römer 3:13

„*Nennt nicht alles eine Verschwörung, was dieses Volk eine Verschwörung nennt; fürchtet euch nicht vor dem, was sie fürchten ... Den Herrn, den Allmächtigen, sollt ihr heilig halten ...*" – Jesaja 8:12–13

Lange vor den Illuminaten gab es die alten Mysterienschulen – in Ägypten, Babylon, Griechenland und Persien –, die nicht nur „Wissen" vermittelten, sondern durch dunkle Rituale auch übernatürliche Kräfte erweckten. Heute werden diese Schulen in Eliteuniversitäten, spirituellen Rückzugsorten, „Bewusstseins"-Camps und sogar in Online-Schulungen wiederbelebt, die als persönliche Entwicklung oder Erweckung höheren Bewusstseins getarnt sind.

Von Kabbala-Kreisen über Theosophie und hermetische Orden bis hin zum Rosenkreuzertum – das Ziel ist dasselbe: „Göttern gleich werden", verborgene Kräfte zu erwecken, ohne sich Gott zu ergeben. Verborgene Gesänge, heilige Geometrie, Astralprojektion, die Öffnung der Zirbeldrüse und zeremonielle Rituale bringen viele unter dem Deckmantel des „Lichts" in spirituelle Knechtschaft.

Aber jedes „Licht", das nicht in Jesus verwurzelt ist, ist ein falsches Licht. Und jeder verborgene Eid muss gebrochen werden.

Wahre Geschichte – Vom Meister zum Verlassenen

Sandra*, eine südafrikanische Wellness-Trainerin, wurde durch ein Mentorenprogramm in einen ägyptischen Mysterienorden aufgenommen. Die Ausbildung umfasste Chakrenausrichtungen, Sonnenmeditationen, Mondrituale und die Lektüre alter Weisheitsrollen. Sie erlebte „Downloads" und „Aufstiege", die sich jedoch bald in Panikattacken, Schlaflähmungen und Selbstmordgedanken verwandelten.

Als ein Befreiungspfarrer die Quelle aufdeckte, erkannte Sandra, dass ihre Seele durch Gelübde und spirituelle Verträge gebunden war. Der Austritt aus dem Orden bedeutete den Verlust von Einkommen und Beziehungen – aber sie erlangte ihre Freiheit. Heute leitet sie ein Heilzentrum mit christlichem Schwerpunkt und warnt andere vor der Täuschung des New Age.

Gemeinsamkeiten heutiger Mysterienschulen

- **Kabbala-Kreise** – jüdische Mystik vermischt mit Numerologie, Engelanbetung und Astralebenen.
- **Hermetik** – „Wie oben, so unten"-Doktrin; die Seele wird befähigt, die Realität zu manipulieren.
- **Rosenkreuzer** – Geheime Orden, die mit alchemistischer Transformation und spiritueller Himmelfahrt verbunden sind.
- **Freimaurerei und esoterische Bruderschaften** – geschichteter Fortschritt ins verborgene Licht; jeder Grad ist an Eide und Rituale gebunden.
- **Spirituelle Exerzitien** – Psychedelische „Erleuchtungs"-Zeremonien mit Schamanen oder „Führern".

Aktionsplan – Alte Joche brechen

1. **Verzichten Sie auf** alle Bündnisse, die Sie durch Initiationen, Kurse oder spirituelle Verträge außerhalb Christi geschlossen haben.
2. **Unterbrechen Sie** die Kraft jeder „Licht-" oder „Energiequelle", die nicht im Heiligen Geist verwurzelt ist.
3. **Reinigen Sie** Ihr Zuhause von Symbolen: Ankhs, Auge des Horus, heilige Geometrie, Altäre, Weihrauch, Statuen oder Ritualbücher.
4. **Erklären Sie laut** :

„Ich lehne jeden alten und modernen Weg zum falschen Licht ab. Ich unterwerfe mich Jesus Christus, dem wahren Licht. Jeder geheime Eid wird durch sein Blut gebrochen."

ANKERSCHRIFTEN

- Kolosser 2:8 – Keine leere und trügerische Philosophie
- Johannes 1:4–5 – Das wahre Licht leuchtet in der Dunkelheit
- 1. Korinther 1:19–20 – Gott zerstört die Weisheit der Weisen

GRUPPENANMELDUNG

- Veranstalten Sie eine symbolische Nacht der „Schriftrollenverbrennung" (Apostelgeschichte 19:19), bei der die Gruppenmitglieder alle okkulten Bücher, Schmuckstücke und Gegenstände mitbringen und vernichten.
- Beten Sie für Menschen, die seltsames Wissen „heruntergeladen" oder durch Meditation das dritte Auge-Chakra geöffnet haben.
- Führen Sie die Teilnehmer durch ein Gebet **zur „Lichtübertragung"** und bitten Sie den Heiligen Geist, alle Bereiche zu übernehmen, die zuvor dem okkulten Licht überlassen waren.

WICHTIGE ERKENNTNISSE

Gott verbirgt die Wahrheit nicht in Rätseln und Ritualen – er offenbart sie durch seinen Sohn. Hüte dich vor „Licht", das dich in die Dunkelheit zieht.

REFLEXIONSJOURNAL

- Habe ich mich einer Online- oder Präsenzschule angeschlossen, die alte Weisheit, Aktivierung oder geheimnisvolle Kräfte verspricht?
- Gibt es Bücher, Symbole oder Rituale, die ich einst für harmlos hielt, wegen denen ich mich heute aber schuldig fühle?
- Wo habe ich mehr nach spiritueller Erfahrung als nach der Beziehung

zu Gott gesucht?

Gebet der Befreiung
Herr Jesus, du bist der Weg, die Wahrheit und das Licht. Ich bereue jeden Weg, den ich an deinem Wort vorbei eingeschlagen habe. Ich schwöre allen Mysterienschulen, Geheimorden, Eiden und Initiationen ab. Ich löse mich von allen Führern, Lehrern, Geistern und Systemen, die auf uralter Täuschung beruhen. Lass dein Licht in jeden verborgenen Winkel meines Herzens leuchten und erfülle mich mit der Wahrheit deines Geistes. Im Namen Jesu wandle ich frei. Amen.

TAG 31: KABBALAH, HEILIGE GEOMETRIE & ELITE-LICHT-TÄUSCHUNG

„Denn der Satan selbst nimmt die Gestalt eines Engels des Lichts an." – 2. Korinther 11:14

„Das Verborgene gehört dem Herrn, unserem Gott; was aber geoffenbart wird, gehört uns ..." – Deuteronomium 29:29

In unserer Suche nach spirituellem Wissen lauert eine Gefahr – die Verlockung „verborgener Weisheit", die Macht, Licht und Göttlichkeit ohne Christus verspricht. Von Promi-Kreisen bis zu Geheimlogen, von der Kunst bis zur Architektur zieht sich ein Muster der Täuschung über den Globus und zieht Suchende in das esoterische Netz der **Kabbala**, **der Heiligen Geometrie** und **der Mysterienlehren**.

Dabei handelt es sich nicht um harmlose intellektuelle Erkundungen. Es sind Zugänge zu spirituellen Bündnissen mit gefallenen Engeln, die sich als Licht tarnen.

GLOBALE MANIFESTATIONEN

- **Hollywood und Musikindustrie** – Viele Prominente tragen offen Kabbala-Armbänder oder tätowieren heilige Symbole (wie den Baum des Lebens), die auf die okkulte jüdische Mystik zurückgehen.
- **Mode und Architektur** – Freimaurerdesigns und heilige geometrische Muster (die Blume des Lebens, Hexagramme, das Auge des Horus) sind in Kleidung, Gebäude und digitale Kunst eingebettet.
- **Naher Osten und Europa** – Kabbala-Studienzentren florieren unter

der Elite und vermischen oft Mystizismus mit Numerologie, Astrologie und Engelsanrufungen.
- **Online- und New-Age-Kreise weltweit** – YouTube, TikTok und Podcasts normalisieren „Lichtcodes", „Energieportale", „3-6-9 Schwingungen" und „göttliche Matrix"-Lehren, die auf heiliger Geometrie und kabbalistischen Rahmenbedingungen basieren.

Wahre Geschichte – Wenn Licht zur Lüge wird

Jana, eine 27-jährige Schwedin, begann sich mit der Kabbala zu beschäftigen, nachdem sie ihrem Lieblingssänger gefolgt war, der ihr „kreatives Erwachen" zuschrieb. Sie kaufte sich das rote Armband, begann mit geometrischen Mandalas zu meditieren und studierte Engelnamen aus alten hebräischen Texten.

Die Dinge begannen sich zu verändern. Ihre Träume wurden seltsam. Im Schlaf spürte sie Wesen neben sich, die ihr Weisheit zuflüsterten – und dann Blut forderten. Schatten folgten ihr, doch sie sehnte sich nach mehr Licht.

Schließlich stieß sie im Internet auf ein Befreiungsvideo und erkannte, dass ihre Qual nicht spiritueller Aufstieg, sondern spirituelle Täuschung war. Nach sechs Monaten Befreiungssitzungen, Fasten und dem Verbrennen aller kabbalistischen Gegenstände in ihrem Haus kehrte allmählich Frieden ein. In ihrem Blog warnt sie nun andere: „Das falsche Licht hat mich fast zerstört."

DEN WEG ERKENNEN

Die Kabbala, die manchmal in religiöse Gewänder gekleidet ist, lehnt Jesus Christus als einzigen Weg zu Gott ab. Sie erhebt oft das **„göttliche Selbst"**, fördert **Channeling** und **den Aufstieg zum Lebensbaum** und nutzt **mathematische Mystik**, um Macht zu erlangen. Diese Praktiken öffnen **spirituelle Tore** – nicht zum Himmel, sondern zu Wesenheiten, die sich als Lichtbringer ausgeben.

Viele kabbalistische Lehren überschneiden sich mit:

- Freimaurerei
- Rosenkreuzertum

- Gnostizismus
- Luziferische Erleuchtungskulte

Der gemeinsame Nenner? Das Streben nach Göttlichkeit ohne Christus.

Aktionsplan – Falsches Licht aufdecken und vertreiben

1. **Bereuen Sie** jede Auseinandersetzung mit der Kabbala, Numerologie, heiligen Geometrie oder den Lehren der „Mysterienschule".
2. **Zerstören Sie Gegenstände** in Ihrem Zuhause, die mit diesen Praktiken in Verbindung stehen – Mandalas, Altäre, Kabbala-Texte, Kristallraster, Schmuck mit heiligen Symbolen.
3. **Verzichten Sie auf Geister des falschen Lichts** (z. B. Metatron, Raziel, Shekinah in mystischer Form) und befehlen Sie jedem falschen Engel, zu gehen.
4. **Tauchen Sie ein** in die Einfachheit und Genügsamkeit Christi (2. Korinther 11:3).
5. **Fasten Sie und salben Sie** sich – Augen, Stirn, Hände –, verzichten Sie auf alle falsche Weisheit und erklären Sie Ihre Treue allein Gott.

Gruppenanmeldung

- Teilen Sie alle Begegnungen mit „Lichtlehren", Numerologie, Kabbala-Medien oder heiligen Symbolen.
- Listen Sie als Gruppe Ausdrücke oder Glaubenssätze auf, die „spirituell" klingen, aber im Widerspruch zu Christus stehen (z. B. „Ich bin göttlich", „Das Universum sorgt für uns", „Christusbewusstsein").
- Salben Sie jede Person mit Öl und sprechen Sie dabei Johannes 8:12: *„Jesus ist das Licht der Welt."*
- Verbrennen oder entsorgen Sie alle Materialien oder Gegenstände, die auf heilige Geometrie, Mystizismus oder „göttliche Codes" verweisen.

WICHTIGE ERKENNTNISSE
Satan kommt nicht zuerst als Zerstörer. Er kommt oft als Erleuchter – er bietet geheimes Wissen und falsches Licht an. Doch dieses Licht führt nur in tiefere Dunkelheit.

Reflexionsjournal

- Habe ich meinen Geist für ein „spirituelles Licht" geöffnet, das Christus umgangen hat?
- Gibt es Symbole, Sätze oder Objekte, die ich für harmlos hielt, jetzt aber als Portale erkenne?
- Habe ich persönliche Weisheit über die biblische Wahrheit gestellt?

Gebet der Befreiung

Vater, ich lehne jedes falsche Licht, jede mystische Lehre und jedes geheime Wissen ab, das meine Seele verstrickt hat. Ich bekenne, dass nur Jesus Christus das wahre Licht der Welt ist. Ich lehne Kabbala, heilige Geometrie, Numerologie und alle Lehren von Dämonen ab. Lass jeden falschen Geist aus meinem Leben verschwinden. Reinige meine Augen, meine Gedanken, meine Vorstellungskraft und meinen Geist. Ich gehöre nur Dir – Geist, Seele und Körper. Im Namen Jesu. Amen.

TAG 32: DER SCHLANGENGEIST IN UNS – WENN DIE BEFREIUNG ZU SPÄT KOMMT

„*Sie haben Augen voller Ehebruch ... sie verführen labile Seelen ... sie sind dem Weg Bileams gefolgt ... für ihn ist die Schwärze der Finsternis für immer reserviert.*" – 2. Petrus 2:14–17

„*Lasst euch nicht täuschen: Gott lässt sich nicht verspotten. Der Mensch erntet, was er sät.*" – Galater 6:7

Es gibt eine dämonische Fälschung, die sich als Erleuchtung ausgibt. Sie heilt, gibt Energie und Kraft – aber nur für kurze Zeit. Sie flüstert göttliche Geheimnisse, öffnet Ihr „drittes Auge", entfesselt Kräfte in der Wirbelsäule – und **versklavt Sie dann in Qualen**.

Es ist **Kundalini**.

Der **Schlangengeist**.

Der falsche „Heilige Geist" des New Age.

Einmal aktiviert – durch Yoga, Meditation, Psychedelika, Traumata oder okkulte Rituale –, sammelt sich diese Kraft an der Basis der Wirbelsäule und steigt wie Feuer durch die Chakren auf. Viele glauben, es handele sich dabei um spirituelles Erwachen. In Wahrheit handelt es sich jedoch um **dämonische Besessenheit**, getarnt als göttliche Energie.

Aber was passiert, wenn es **nicht verschwindet**?

Wahre Geschichte – „Ich kann es nicht abschalten"

Marissa, eine junge Christin aus Kanada, hatte sich mit „christlichem Yoga" beschäftigt, bevor sie ihr Leben Christus widmete. Sie liebte die friedlichen Gefühle, die Vibrationen, die Lichtvisionen. Doch nach einer intensiven Sitzung, bei der sie spürte, wie ihre Wirbelsäule „entzündete", wurde sie ohnmächtig und wachte atemlos auf. In dieser Nacht begann etwas, **ihren**

Schlaf zu quälen, ihren Körper zu verdrehen und ihr in Träumen als „Jesus" zu erscheinen – verspottete sie dabei aber.

Sie wurde fünfmal **erlöst**. Die Geister verließen sie – und kehrten wieder. Ihre Wirbelsäule vibrierte noch immer. Ihre Augen blickten ständig in die Geisterwelt. Ihr Körper bewegte sich unwillkürlich. Trotz der Erlösung wandelte sie nun durch eine Hölle, die nur wenige Christen verstanden. Ihr Geist war gerettet – doch ihre Seele war verletzt, zerbrochen und zersplittert.

Die Folgen, über die niemand spricht

- **Dritte Augen bleiben offen**: Ständige Visionen, Halluzinationen, spiritueller Lärm, „Engel", die Lügen erzählen.
- **Der Körper hört nicht auf zu vibrieren**: Unkontrollierbare Energie, Druck im Schädel, Herzklopfen.
- **Unerbittliche Qual**: Selbst nach mehr als 10 Befreiungssitzungen.
- **Isolation**: Pastoren verstehen das nicht. Kirchen ignorieren das Problem. Die Person wird als „labil" abgestempelt.
- **Angst vor der Hölle**: Nicht wegen der Sünde, sondern wegen der Qual, die kein Ende nehmen will.

Können Christen einen Punkt erreichen, an dem es kein Zurück mehr gibt?

Ja – in diesem Leben. Sie können **gerettet werden**, aber so zersplittert, dass **Ihre Seele bis zum Tod Qualen erleidet**.

Dies ist keine Panikmache. Dies ist eine **prophetische Warnung**.

Globale Beispiele

- **Afrika** – Falsche Propheten entfesseln während des Gottesdienstes Kundalini-Feuer – die Menschen zucken, schäumen, lachen oder brüllen.
- **Asien** – Yoga-Meister steigen in „Siddhi" (dämonische Besessenheit) auf und nennen es Gottesbewusstsein.
- **Europa/Nordamerika** – Neocharismatische Bewegungen, die „glorreiche Reiche" kanalisieren, bellen, lachen, unkontrolliert fallen

– nicht von Gott.
- **Lateinamerika** – Schamanische Erweckungen mit Ayahuasca (pflanzliche Droge), um spirituelle Türen zu öffnen, die sie nicht schließen können.

AKTIONSPLAN – WENN Sie zu weit gegangen sind

1. **Bekennen Sie das genaue Portal** : Kundalini-Yoga, Meditationen des dritten Auges, New-Age-Kirchen, Psychedelika usw.
2. **Hören Sie auf, nach Erlösung zu streben** : Manche Geister leiden länger, wenn Sie ihnen weiterhin Angst einjagen.
3. **Verankern Sie sich TÄGLICH in der** Heiligen Schrift – insbesondere in Psalm 119, Jesaja 61 und Johannes 1. Diese erneuern die Seele.
4. **Der Community beitreten** : Finden Sie mindestens einen vom Heiligen Geist erfüllten Gläubigen, mit dem Sie gehen können. Isolation gibt Dämonen Macht.
5. **Verzichten Sie auf jegliche spirituelle „Sicht", jedes Feuer, Wissen und jede Energie** – auch wenn es sich heilig anfühlt.
6. **Bitten Sie Gott um Gnade** – nicht nur einmal. Täglich. Stündlich. Bleiben Sie dabei. Gott wird Sie vielleicht nicht sofort von Ihnen nehmen, aber er wird Sie tragen.

GRUPPENANMELDUNG

- Nehmen Sie sich eine Zeit der stillen Besinnung. Fragen Sie sich: Habe ich spirituelle Macht über spirituelle Reinheit gestellt?
- Beten Sie für diejenigen, die unerbittliche Qualen erleiden. Versprechen Sie KEINE sofortige Freiheit – versprechen Sie **Jüngerschaft** .
- Lehren Sie den Unterschied zwischen der **Frucht des Geistes**

(Galater 5:22–23) und **seelischen Manifestationen** (Zittern, Hitze, Visionen).
- Verbrennen oder zerstören Sie alle New-Age-Objekte: Chakra-Symbole, Kristalle, Yogamatten, Bücher, Öle, „Jesus-Karten".

Wichtige Erkenntnisse
Es gibt eine **Grenze**, die überschritten werden kann – wenn die Seele zu einem offenen Tor wird und sich weigert, es zu schließen. Ihr Geist mag gerettet sein ... aber Ihre Seele und Ihr Körper können weiterhin in Qualen leben, wenn Sie durch okkultes Licht befleckt wurden.

Reflexionsjournal

- Habe ich jemals Macht, Feuer oder prophetische Sicht mehr angestrebt als Heiligkeit und Wahrheit?
- Habe ich durch „christianisierte" New-Age-Praktiken Türen geöffnet?
- Bin ich bereit, **täglich** mit Gott zu gehen, auch wenn die vollständige Erlösung Jahre dauert?

Gebet des Überlebens
Vater, ich flehe um Gnade. Ich schwöre jedem Schlangengeist, jeder Kundalini-Kraft, jedem dritten Auge, jedem falschen Feuer und jeder New-Age-Fälschung ab, die ich je berührt habe. Ich übergebe Dir meine Seele – so zerbrochen sie auch ist. Jesus, erlöse mich nicht nur von der Sünde, sondern auch von der Qual. Versiegle meine Tore. Heile meinen Geist. Schließe meine Augen. Zerquetsche die Schlange in meinem Rückgrat. Ich warte auf Dich, selbst im Schmerz. Und ich werde nicht aufgeben. In Jesu Namen. Amen.

TAG 33: DER SCHLANGENGEIST IN UNS – WENN DIE BEFREIUNG ZU SPÄT KOMMT

„*Sie haben Augen voller Ehebruch ... sie verführen labile Seelen ... sie sind dem Weg Bileams gefolgt ... für ihn ist die Schwärze der Finsternis für immer reserviert.*" – 2. Petrus 2:14–17

„*Lasst euch nicht täuschen: Gott lässt sich nicht verspotten. Der Mensch erntet, was er sät.*" – Galater 6:7

Es gibt eine dämonische Fälschung, die sich als Erleuchtung ausgibt. Sie heilt, gibt Energie und Kraft – aber nur für kurze Zeit. Sie flüstert göttliche Geheimnisse, öffnet Ihr „drittes Auge", entfesselt Kräfte in der Wirbelsäule – und **versklavt Sie dann in Qualen**.

Es ist **Kundalini**.

Der **Schlangengeist**.

Der falsche „Heilige Geist" des New Age.

Einmal aktiviert – durch Yoga, Meditation, Psychedelika, Traumata oder okkulte Rituale –, sammelt sich diese Kraft an der Basis der Wirbelsäule und steigt wie Feuer durch die Chakren auf. Viele glauben, es handele sich dabei um spirituelles Erwachen. In Wahrheit handelt es sich jedoch um **dämonische Besessenheit**, getarnt als göttliche Energie.

Aber was passiert, wenn es **nicht verschwindet**?

Wahre Geschichte – „Ich kann es nicht abschalten"

Marissa, eine junge Christin aus Kanada, hatte sich mit „christlichem Yoga" beschäftigt, bevor sie ihr Leben Christus widmete. Sie liebte die friedlichen Gefühle, die Vibrationen, die Lichtvisionen. Doch nach einer intensiven Sitzung, bei der sie spürte, wie ihre Wirbelsäule „entzündete", wurde sie ohnmächtig und wachte atemlos auf. In dieser Nacht begann etwas, **ihren**

Schlaf zu quälen, ihren Körper zu verdrehen und ihr in Träumen als „Jesus" zu erscheinen – verspottete sie dabei aber.

Sie wurde fünfmal **erlöst**. Die Geister verließen sie – und kehrten wieder. Ihre Wirbelsäule vibrierte noch immer. Ihre Augen blickten ständig in die Geisterwelt. Ihr Körper bewegte sich unwillkürlich. **Trotz der Erlösung wandelte sie nun durch eine Hölle, die nur wenige Christen verstanden. Ihr Geist war gerettet** – doch ihre Seele war verletzt, zerbrochen und zersplittert.

Die Folgen, über die niemand spricht

- **Dritte Augen bleiben offen**: Ständige Visionen, Halluzinationen, spiritueller Lärm, „Engel", die Lügen erzählen.
- **Der Körper hört nicht auf zu vibrieren**: Unkontrollierbare Energie, Druck im Schädel, Herzklopfen.
- **Unerbittliche Qual**: Selbst nach mehr als 10 Befreiungssitzungen.
- **Isolation**: Pastoren verstehen das nicht. Kirchen ignorieren das Problem. Die Person wird als „labil" abgestempelt.
- **Angst vor der Hölle**: Nicht wegen der Sünde, sondern wegen der Qual, die kein Ende nehmen will.

Können Christen einen Punkt erreichen, an dem es kein Zurück mehr gibt?

Ja – in diesem Leben. Sie können **gerettet werden**, aber so zersplittert, dass **Ihre Seele bis zum Tod Qualen erleidet**.

Dies ist keine Panikmache. Dies ist eine **prophetische Warnung**.

Globale Beispiele

- **Afrika** – Falsche Propheten entfesseln während des Gottesdienstes Kundalini-Feuer – die Menschen zucken, schäumen, lachen oder brüllen.
- **Asien** – Yoga-Meister steigen in „Siddhi" (dämonische Besessenheit) auf und nennen es Gottesbewusstsein.
- **Europa/Nordamerika** – Neocharismatische Bewegungen, die „glorreiche Reiche" kanalisieren, bellen, lachen, unkontrolliert fallen

– nicht von Gott.
- **Lateinamerika** – Schamanische Erweckungen mit Ayahuasca (pflanzliche Droge), um spirituelle Türen zu öffnen, die sie nicht schließen können.

Aktionsplan – Wenn Sie zu weit gegangen sind

1. **Bekennen Sie das genaue Portal** : Kundalini-Yoga, Meditationen des dritten Auges, New-Age-Kirchen, Psychedelika usw.
2. **Hören Sie auf, nach Erlösung zu streben** : Manche Geister leiden länger, wenn Sie ihnen weiterhin Angst einjagen.
3. **Verankern Sie sich TÄGLICH in der** Heiligen Schrift – insbesondere in Psalm 119, Jesaja 61 und Johannes 1. Diese erneuern die Seele.
4. **Der Community beitreten** : Finden Sie mindestens einen vom Heiligen Geist erfüllten Gläubigen, mit dem Sie gehen können. Isolation gibt Dämonen Macht.
5. **Verzichten Sie auf jegliche spirituelle „Sicht", jedes Feuer, Wissen und jede Energie** – auch wenn es sich heilig anfühlt.
6. **Bitten Sie Gott um Gnade** – nicht nur einmal. Täglich. Stündlich. Bleiben Sie dabei. Gott wird Sie vielleicht nicht sofort von Ihnen nehmen, aber er wird Sie tragen.

Gruppenanmeldung

- Nehmen Sie sich eine Zeit der stillen Besinnung. Fragen Sie sich: Habe ich spirituelle Macht über spirituelle Reinheit gestellt?
- Beten Sie für diejenigen, die unerbittliche Qualen erleiden. Versprechen Sie KEINE sofortige Freiheit – versprechen Sie **Jüngerschaft**.
- Lehren Sie den Unterschied zwischen der **Frucht des Geistes** (Galater 5:22–23) und **seelischen Manifestationen** (Zittern, Hitze, Visionen).
- Verbrennen oder zerstören Sie alle New-Age-Objekte: Chakra-Symbole, Kristalle, Yogamatten, Bücher, Öle, „Jesus-Karten".

Wichtige Erkenntnisse
Es gibt eine **Grenze**, die überschritten werden kann – wenn die Seele zu einem offenen Tor wird und sich weigert, es zu schließen. Ihr Geist mag gerettet sein ... aber Ihre Seele und Ihr Körper können weiterhin in Qualen leben, wenn Sie durch okkultes Licht befleckt wurden.

Reflexionsjournal

- Habe ich jemals Macht, Feuer oder prophetische Sicht mehr angestrebt als Heiligkeit und Wahrheit?
- Habe ich durch „christianisierte" New-Age-Praktiken Türen geöffnet?
- Bin ich bereit, **täglich** mit Gott zu gehen, auch wenn die vollständige Erlösung Jahre dauert?

Gebet des Überlebens
Vater, ich flehe um Gnade. Ich schwöre jedem Schlangengeist, jeder Kundalini-Kraft, jedem dritten Auge, jedem falschen Feuer und jeder New-Age-Fälschung ab, die ich je berührt habe. Ich übergebe Dir meine Seele – so zerbrochen sie auch ist. Jesus, erlöse mich nicht nur von der Sünde, sondern auch von der Qual. Versiegle meine Tore. Heile meinen Geist. Schließe meine Augen. Zerquetsche die Schlange in meinem Rückgrat. Ich warte auf Dich, selbst im Schmerz. Und ich werde nicht aufgeben. In Jesu Namen. Amen.

TAG 34: MAURER, KODEXE UND FLÜCHE – Wenn Brüderlichkeit zur Knechtschaft wird

„*Habt keine Gemeinschaft mit den unfruchtbaren Werken der Finsternis, sondern deckt sie vielmehr auf.*" – Epheser 5:11
„*Ihr sollt keinen Bund mit ihnen oder mit ihren Göttern schließen.*" – Exodus 23:32

Geheimgesellschaften versprechen Erfolg, Verbindungen und uraltes Wissen. Sie bieten **Eide, Titel und Geheimnisse,** die „für gute Menschen" weitergegeben werden. Was die meisten jedoch nicht erkennen: Diese Gesellschaften sind **Altäre des Bündnisses** , oft auf Blut, Betrug und dämonischer Treue aufgebaut.

Von der Freimaurerei bis zur Kabbala, von den Rosenkreuzern bis zu Skull & Bones – diese Organisationen sind nicht einfach nur Clubs. Sie sind **spirituelle Verträge** , die im Dunkeln geschmiedet und mit Riten besiegelt wurden, die **Generationen verfluchen** .

Manche schlossen sich freiwillig an. Andere hatten Vorfahren, die dies taten.

So oder so bleibt der Fluch bestehen – bis er gebrochen wird.

Ein verborgenes Erbe – Jasons Geschichte

Jason, ein erfolgreicher Banker in den USA, hatte alles, was er brauchte – eine schöne Familie, Reichtum und Einfluss. Doch nachts wachte er würgend auf, sah vermummte Gestalten und hörte in seinen Träumen Beschwörungen. Sein Großvater war Freimaurer 33. Grades gewesen, und Jason trug den Ring noch immer.

Einmal legte er bei einer Clubveranstaltung im Scherz die Freimaurergelübde ab – doch in dem Moment, als er das tat, **überkam ihn**

etwas. Sein Verstand begann zusammenzubrechen. Er hörte Stimmen. Seine Frau verließ ihn. Er versuchte, allem ein Ende zu setzen.

Bei einer Klausur erkannte jemand die Verbindung zu den Freimaurern. Jason weinte, als er **jeden Eid brach**, den Ring zerbrach und drei Stunden lang Befreiung erlebte. In dieser Nacht schlief er zum ersten Mal seit Jahren in Frieden.

Seine Aussage?

„Mit geheimen Altären macht man keine Witze. Sie sprechen – bis man sie im Namen Jesu zum Schweigen bringt."

GLOBALES NETZ DER BRUDERSCHAFT

- **Europa** – Die Freimaurerei ist tief in Wirtschaft, Politik und Kirchen verwurzelt.
- **Afrika** – Illuminaten und Geheimorden bieten Reichtum im Tausch gegen Seelen; Sekten an Universitäten.
- **Lateinamerika** – Jesuiteninfiltration und Freimaurerriten vermischten sich mit katholischer Mystik.
- **Asien** – Alte Mysterienschulen, Tempelpriesterschaften, die an Generationeneide gebunden sind.
- **Nordamerika** – Eastern Star, Scottish Rite, Studentenverbindungen wie Skull & Bones, Eliten von Bohemian Grove.

Diese Kulte rufen oft „Gott" an, aber nicht den **Gott der Bibel** – sie beziehen sich auf den **Großen Architekten**, eine unpersönliche Kraft, die mit **dem luziferischen Licht verbunden ist**.

Anzeichen dafür, dass Sie betroffen sind

- Chronische Krankheit, die Ärzte nicht erklären können.
- Angst vor Aufstieg oder Angst vor dem Ausbrechen aus dem Familiensystem.
- Träume von Roben, Ritualen, Geheimtüren, Logen oder seltsamen Zeremonien.

- Depression oder Geisteskrankheit in der männlichen Linie.
- Frauen, die mit Unfruchtbarkeit, Missbrauch oder Angst zu kämpfen haben.

Aktionsplan zur Befreiung

1. **Verzichten Sie auf alle bekannten Eide – insbesondere, wenn Sie oder Ihre Familie der Freimaurerei,** den Rosenkreuzern, dem Eastern Star, der Kabbala oder einer anderen „Bruderschaft" angehörten.
2. **Durchbrechen Sie jeden Grad** – vom Lehrling bis zum 33. Grad, namentlich.
3. **Zerstören Sie alle Symbole** – Ringe, Schürzen, Bücher, Anhänger, Zertifikate usw.
4. **Schließen Sie das Tor** – geistig und rechtlich durch Gebet und Erklärung.

Verwenden Sie diese Schriftstellen:

- Jesaja 28:18 – „Euer Bund mit dem Tod soll aufgehoben werden."
- Galater 3:13 – „Christus hat uns vom Fluch des Gesetzes erlöst."
- Hesekiel 13:20–23 – „Ich werde eure Schleier zerreißen und mein Volk befreien."

Gruppenanmeldung

- Fragen Sie, ob Eltern oder Großeltern eines Mitglieds in Geheimgesellschaften waren.
- Führen Sie eine **geführte Entsagung** durch alle Grade der Freimaurerei durch (Sie können hierfür ein gedrucktes Skript erstellen).
- Verwenden Sie symbolische Handlungen – verbrennen Sie einen alten Ring oder malen Sie ein Kreuz auf die Stirn, um das bei Ritualen geöffnete „dritte Auge" zu annullieren.
- Beten Sie über Geist, Nacken und Rücken – dies sind häufige Orte

der Knechtschaft.

Wichtige Erkenntnisse
Brüderlichkeit ohne das Blut Christi ist eine Bruderschaft der Knechtschaft.
Sie müssen sich entscheiden: Bund mit den Menschen oder Bund mit Gott.

Reflexionsjournal

- Hat jemand in meiner Familie etwas mit Freimaurerei, Mystizismus oder geheimen Eiden zu tun gehabt?
- Habe ich unwissentlich Gelübde, Glaubensbekenntnisse oder Symbole im Zusammenhang mit Geheimgesellschaften rezitiert oder nachgeahmt?
- Bin ich bereit, mit der Familientradition zu brechen, um ganz im Bund mit Gott zu leben?

Gebet der Entsagung
Vater, im Namen Jesu löse ich mich von jedem Bund, jedem Eid und jedem Ritual, das mit der Freimaurerei, der Kabbala oder irgendeiner Geheimgesellschaft in Verbindung steht – in meinem Leben oder meiner Blutsverwandtschaft. Ich breche jeden Grad, jede Lüge, jedes dämonische Recht, das mir durch Zeremonien oder Symbole gewährt wurde. Ich erkläre, dass Jesus Christus mein einziges Licht, mein einziger Architekt und mein einziger Herr ist. Ich empfange jetzt Freiheit, im Namen Jesu. Amen.

TAG 35: HEXEN IN DEN KIRCHENBÄNKEN – WENN DAS BÖSE DURCH DIE KIRCHENTÜREN EINTRITT

„Denn solche Menschen sind falsche Apostel, betrügerische Arbeiter, die sich als Apostel Christi verkleiden. Und kein Wunder, denn auch der Satan verkleidet sich als Engel des Lichts." – 2. Korinther 11:13–14

„Ich kenne deine Werke, deine Liebe und deinen Glauben ... Dennoch habe ich Folgendes gegen dich: Du duldest diese Frau Isebel, die sich selbst eine Prophetin nennt ..." – Offenbarung 2:19–20

Die gefährlichste Hexe ist nicht die, die nachts herumfliegt.

Es ist die, die **neben dir in der Kirche sitzt**.

Sie tragen keine schwarzen Roben und reiten nicht auf Besen.

Sie leiten Gebetstreffen, singen in Anbetungsgruppen, prophezeien in Zungen, sind Pastoren in Kirchen. Und doch ... sind sie **Träger der Dunkelheit**.

Manche wissen genau, was sie tun – sie werden als spirituelle Mörder ausgesandt. Andere sind Opfer der Hexerei oder Rebellion ihrer Vorfahren und operieren mit

unreinen Gaben.

Die Kirche als Deckmantel – „Miriams" Geschichte

Miriam war eine beliebte Befreiungspredigerin in einer großen westafrikanischen Kirche. Ihre Stimme vertrieb Dämonen. Menschen reisten durch alle Länder, um von ihr gesalbt zu werden.

Doch Miriam hatte ein Geheimnis: Nachts verließ sie ihren Körper. Sie sah die Häuser der Gemeindemitglieder, ihre Schwächen und ihre Abstammung. Sie hielt es für „prophetisch".

Ihre Macht wuchs. Doch auch ihre Qualen wuchsen.

Sie begann Stimmen zu hören. Sie konnte nicht schlafen. Ihre Kinder wurden angegriffen. Ihr Mann verließ sie.

Schließlich gestand sie: Sie war als Kind von ihrer Großmutter, einer mächtigen Hexe, „aktiviert" worden, die sie unter verfluchten Decken schlafen ließ.

„Ich dachte, ich wäre vom Heiligen Geist erfüllt. Es war ein Geist ... aber nicht heilig."

Sie erlebte die Befreiung. Doch der Kampf hat nie aufgehört. Sie sagt: *„Wenn ich nicht gebeichtet hätte, wäre ich auf einem Feueraltar gestorben ... in der Kirche."*

Globale Situationen versteckter Hexerei in der Kirche

- **Afrika** – Spiritueller Neid. Propheten nutzen Wahrsagerei, Rituale und Wassergeister. Viele Altäre sind eigentlich Portale.
- **Europa** – Hellseherische Medien, die sich als „spirituelle Coaches" ausgeben. Hexerei, verpackt in New-Age-Christentum.
- **Asien** – Tempelpriesterinnen betreten Kirchen, um Flüche zu platzieren und Konvertiten astral zu überwachen.
- **Lateinamerika** – Santería – praktizierende „Pfarrer", die Erlösung predigen, aber nachts Hühner opfern.
- **Nordamerika** – Christliche Hexen, die sich auf „Jesus und Tarot" berufen, Energieheiler auf Kirchenbühnen und Pastoren, die an Freimaurerriten beteiligt sind.

Anzeichen von Hexerei in der Kirche

- Schwere Atmosphäre oder Verwirrung während des Gottesdienstes.
- Träume von Schlangen, Sex oder Tieren nach dem Gottesdienst.
- Eine Führungspersönlichkeit, die plötzlich in Sünde oder einen Skandal verfällt.
- „Prophezeiungen", die manipulieren, verführen oder beschämen.
- Jeder, der sagt: „Gott hat mir gesagt, dass du mein Mann/meine Frau bist."
- Seltsame Gegenstände, die in der Nähe der Kanzel oder Altäre

gefunden wurden.

AKTIONSPLAN ZUR BEFREIUNG

1. **Beten Sie um Einsicht** – Bitten Sie den Heiligen Geist, Ihnen zu offenbaren, ob es in Ihrer Gemeinschaft versteckte Hexen gibt.
2. **Prüft jeden Geist** – auch wenn er spirituell klingt (1. Johannes 4:1).
3. **Lösen Sie Seelenbande** – Wenn für Sie gebetet wurde, Ihnen etwas prophezeit wurde oder Sie von einer unreinen Person berührt wurden, **brechen Sie dies ab**.
4. **Beten Sie für Ihre Kirche** – enthüllen Sie das Feuer Gottes, um jeden verborgenen Altar, jede geheime Sünde und jeden spirituellen Blutegel aufzudecken.
5. **Wenn Sie Opfer sind** – holen Sie sich Hilfe. Bleiben Sie nicht still und allein.

Gruppenanmeldung

- Fragen Sie die Gruppenmitglieder: Haben Sie sich bei einem Gottesdienst jemals unwohl oder spirituell verletzt gefühlt?
- Führen Sie ein **gemeinsames Reinigungsgebet** für die Gemeinschaft.
- Salben Sie jeden Menschen und errichten Sie eine **spirituelle Firewall** um Geist, Altäre und Gaben.
- Bringen Sie Führungskräften bei, wie sie **Talente prüfen** und **die Persönlichkeit von Menschen auf die Probe stellen,** bevor sie ihnen sichtbare Rollen übertragen.

Wichtige Erkenntnisse
Nicht alle, die „Herr, Herr" sagen, kommen vom Herrn.
Die Kirche ist das **Hauptschlachtfeld** für spirituelle Verunreinigung – aber auch der Ort der Heilung, wenn die Wahrheit hochgehalten wird.
Reflexionsjournal

- Habe ich Gebete, Mitteilungen oder Mentoring von jemandem erhalten, dessen Leben unheilige Früchte trug?
- Gab es Zeiten, in denen ich mich nach der Kirche „komisch" fühlte, es aber ignorierte?
- Bin ich bereit, mich der Hexerei zu stellen, auch wenn sie einen Anzug trägt oder auf der Bühne singt?

Gebet der Enthüllung und Freiheit

Herr Jesus, ich danke dir, dass du das wahre Licht bist. Ich bitte dich, jeden verborgenen Agenten der Finsternis zu entlarven, der in meinem Leben und in meiner Gemeinschaft wirkt. Ich lehne jede unheilige Botschaft, jede falsche Prophezeiung und jede Seelenverbindung ab, die ich von spirituellen Betrügern erhalten habe. Reinige mich mit deinem Blut. Reinige meine Gaben. Bewache meine Tore. Verbrenne jeden falschen Geist mit deinem heiligen Feuer. Im Namen Jesu. Amen.

TAG 36: CODIERTE ZAUBER – WENN LIEDER, MODE UND FILME ZU PORTALEN WERDEN

„**H**abt nicht teil an den unfruchtbaren Werken der Finsternis, sondern deckt sie vielmehr auf." – Epheser 5:11

„Habt nichts zu tun mit gottlosen Fabeln und Ammenmärchen, sondern übt euch in der Gottesfurcht." – 1. Timotheus 4:7

Nicht jede Schlacht beginnt mit einem Blutopfer.

Manche beginnen mit einem **Beat**.

Einer Melodie. Einem eingängigen Text, der im Gedächtnis haften bleibt. Oder einem **Symbol** auf der Kleidung, das du „cool" fandest.

Oder einer „harmlosen" Show, die du dir reinziehst, während im Schatten Dämonen lächeln.

In der heutigen hypervernetzten Welt ist Hexerei **verschlüsselt** – sie ist in den Medien, der Musik, den Filmen und der Mode **für alle sichtbar verborgen.**

Ein dunkler Klang – Wahre Geschichte: „Die Kopfhörer"

Elijah, ein 17-jähriger Amerikaner, litt unter Panikattacken, schlaflosen Nächten und dämonischen Träumen. Seine christlichen Eltern dachten, es liege am Stress.

Doch während einer Befreiungssitzung wies der Heilige Geist das Team an, ihn nach seiner **Musik zu fragen**.

Er gestand: „Ich höre Trap Metal. Ich weiß, es ist düster ... aber es gibt mir ein starkes Gefühl."

Als das Team im Gebet eines seiner Lieblingslieder spielte, geschah **etwas**.

Die Beats wurden mit **Gesangsspuren** aus okkulten Ritualen kodiert. Durch Rückwärtsmaskierung kamen Sätze wie „Unterwerfe deine Seele" und „Luzifer spricht" zum Vorschein.

Nachdem Elijah die Musik gelöscht, Buße getan und die Verbindung gekündigt hatte, kehrte der Frieden zurück. Der Krieg war durch seine **Ohren** eingedrungen.

Globale Programmiermuster

- **Afrika** – Afrobeat-Songs, die mit Geldritualen verknüpft sind; in den Liedtexten versteckte „Juju"-Referenzen; Modemarken mit Symbolen des Meereskönigreichs.
- **Asien** – K-Pop mit unterschwelligen sexuellen und spirituellen Botschaften; Anime-Figuren, durchdrungen von Shinto-Dämonenwissen.
- **Lateinamerika** – **Reggaeton,** der Santería-Gesänge und rückwärts kodierte Zaubersprüche vorantreibt.
- **Europa** – Modehäuser (Gucci, Balenciaga) integrieren satanische Bilder und Rituale in die Laufstegkultur.
- **Nordamerika** – Hollywood-Filme, in denen Hexerei eine Rolle spielt (Marvel, Horror, „Licht gegen Dunkelheit"-Filme); Zeichentrickfilme, in denen Zauberei als Spaß eingesetzt wird.

Common Entry Portals (and Their Spirit Assignments)

Media Type	Portal	Demonic Assignment
Music	Beats/samples from rituals	Torment, violence, rebellion
TV Series	Magic, lust, murder glorification	Desensitization, soul dulling
Fashion	Symbols (serpent, eye, goat, triangles)	Identity confusion, spiritual binding
Video Games	Sorcery, blood rites, avatars	Astral transfer, addiction, occult alignment
Social Media	Trends on "manifestation," crystals, spells	Sorcery normalization

AKTIONSPLAN – ERKENNEN, Entgiften, Verteidigen

1. **Überprüfen Sie Ihre Playlist, Ihre Garderobe und Ihren Wiedergabeverlauf**. Suchen Sie nach okkulten, lüsternen, rebellischen oder gewalttätigen Inhalten.
2. , jeden unheiligen Einfluss **aufzudecken**.
3. **Löschen und zerstören**. Nicht verkaufen oder spenden. Verbrennen oder entsorgen Sie alles Dämonische – physisch oder digital.
4. **Salben Sie Ihre Geräte**, Ihr Zimmer und Ihre Ohren. Erklären Sie sie zur Ehre Gottes für geheiligt.
5. **Ersetzen Sie es durch die Wahrheit**: Anbetungsmusik, fromme Filme, Bücher und Bibellesungen, die Ihren Geist erneuern.

Gruppenanmeldung

- Führen Sie die Mitglieder durch eine „Medieninventur". Lassen Sie jede Person Sendungen, Lieder oder Gegenstände aufschreiben, von denen sie vermutet, dass es sich um Portale handeln könnte.
- Beten Sie über Telefone und Kopfhörer. Salben Sie sie.
- Machen Sie in der Gruppe eine „Entgiftungskur" – 3 bis 7 Tage ohne weltliche Medien. Ernähren Sie sich ausschließlich von Gottes Wort, Anbetung und Gemeinschaft.
- Bezeugen Sie die Ergebnisse bei der nächsten Sitzung.

Wichtige Erkenntnisse
Dämonen brauchen keinen Schrein mehr, um in Ihr Haus einzudringen. Alles, was sie brauchen, ist Ihre Zustimmung, um auf „Play" zu drücken.

Reflexionsjournal

- Was habe ich gesehen, gehört oder getragen, das der Unterdrückung Tür und Tor öffnen könnte?
- Bin ich bereit, auf das zu verzichten, was mir Spaß macht, wenn es

mich gleichzeitig versklavt?
- Habe ich im Namen der „Kunst" Rebellion, Lust, Gewalt oder Spott normalisiert?

GEBET DER REINIGUNG

Herr Jesus, ich komme vor Dich und bitte um eine vollständige spirituelle Entgiftung. Enthülle jeden verschlüsselten Zauber, den ich durch Musik, Mode, Spiele oder Medien in mein Leben gelassen habe. Ich bereue, Dinge gesehen, getragen und gehört zu haben, die Dich entehren. Heute löse ich mich von den Seelenbanden. Ich vertreibe jeden Geist der Rebellion, Hexerei, Lust, Verwirrung oder Qual. Reinige meine Augen, Ohren und mein Herz. Ich widme meinen Körper, meine Medien und meine Entscheidungen nun allein Dir. Im Namen Jesu. Amen.

TAG 37: DIE UNSICHTBAREN ALTÄRE DER MACHT – FREIMAURER, KABBALAH UND OKKULTE ELITE

„Wiederum führte ihn der Teufel mit sich auf einen sehr hohen Berg und zeigte ihm alle Reiche der Welt und ihre Pracht. Und er sprach: Das alles will ich dir geben, wenn du niederfällst und mich anbetest." – Matthäus 4:8-9

„Ihr könnt nicht zugleich des Herrn Kelch trinken und der Dämonen Kelch; ihr könnt nicht zugleich am Tisch des Herrn und der Dämonen teilhaben." – 1. Korinther 10:21

Es gibt Altäre, die nicht in Höhlen, sondern in Sitzungssälen versteckt sind.

Geister gibt es nicht nur in Dschungeln, sondern auch in Regierungsgebäuden, Finanztürmen, Bibliotheken der Ivy League und als „Kirchen" getarnten Heiligtümern.

Willkommen im Reich der **okkulten Elite** :

Freimaurer, Rosenkreuzer , Kabbalisten , Jesuitenorden, Eastern Stars und verborgene luziferische Priesterschaften, die **ihre Hingabe an Satan hinter Ritualen, Geheimnissen und Symbolen verbergen** . Ihre Götter sind Vernunft, Macht und uraltes Wissen – doch ihre **Seelen sind der Dunkelheit verfallen** .

Versteckt in aller Öffentlichkeit

- **Die Freimaurerei** gibt sich als Bruderschaft von Baumeistern aus – doch ihre höheren Grade beschwören dämonische Wesen, schwören Todesschwüre und verherrlichen Luzifer als „Lichtbringer".
- **Die Kabbala** verspricht einen mystischen Zugang zu Gott – doch sie ersetzt Jahwe auf subtile Weise durch kosmische Energiekarten und Numerologie.
- **Die jesuitische Mystik** vermischt in ihren verfälschten Formen oft

katholische Bilder mit spiritueller Manipulation und Kontrolle der Weltsysteme.
- **Hollywood, Mode, Finanzen und Politik** enthalten allesamt verschlüsselte Botschaften, Symbole und **öffentliche Rituale, die in Wirklichkeit Gottesdienste für Luzifer sind**.

Man muss kein Star sein, um davon betroffen zu sein. Diese Systeme **verschmutzen die Nationen** durch:

- Medienprogrammierung
- Bildungssysteme
- Religiöser Kompromiss
- Finanzielle Abhängigkeit
- Rituale, getarnt als „Initiationen", „Versprechen" oder „Marken-Deals"

Wahre Geschichte – „Die Loge hat meine Abstammung ruiniert"
Solomon (Name geändert), ein erfolgreicher Großunternehmer aus Großbritannien, trat einer Freimaurerloge bei, um Kontakte zu knüpfen. Er stieg schnell auf und erlangte Reichtum und Ansehen. Doch er litt auch unter schrecklichen Albträumen – Männer in Umhängen riefen ihn herbei, Blutschwüre, dunkle Tiere verfolgten ihn. Seine Tochter begann, sich selbst zu verletzen und behauptete, eine „Präsenz" habe sie dazu getrieben.
Eines Nachts sah er einen Mann in seinem Zimmer – halb Mensch, halb Schakal – der ihm sagte: *„Du gehörst mir. Der Preis ist bezahlt."* Er wandte sich an eine Befreiungsorganisation. Es dauerte **sieben Monate des Verzichts, Fastens, der Durchführung von Brechritualen und des Lösens aller okkulten Bindungen** – bis Frieden einkehrte.
Später stellte er fest: **Sein Großvater war Freimaurer 33. Grades. Er hatte das Erbe nur unwissentlich weitergeführt.**

Globale Reichweite

- **Afrika** – Geheimgesellschaften unter Stammesherrschern, Richtern und Pastoren, die im Austausch für Macht Blutschwüre schwören.
- **Europa** – Malteserritter, Logen der Illuminaten und esoterische

Eliteuniversitäten.
- **Nordamerika** – Freimaurerische Grundlagen in den meisten Gründungsdokumenten, Gerichtsgebäuden und sogar Kirchen.
- **Asien** – Verborgene Drachenkulte, Ahnenorden und politische Gruppen, deren Wurzeln in Hybriden aus Buddhismus und Schamanismus liegen.
- **Lateinamerika** – Synkretistische Kulte, die katholische Heilige mit luziferischen Geistern wie Santa Muerte oder Baphomet vermischen.

Aktionsplan – Flucht vor Elite-Altären

1. **Verzichten Sie auf** jegliche Beteiligung an der Freimaurerei, dem Eastern Star, den Jesuiten-Eiden, gnostischen Büchern oder mystischen Systemen – sogar auf „akademische" Studien dieser Art.
2. **Zerstören Sie** Insignien, Ringe, Anstecknadeln, Bücher, Schürzen, Fotos und Symbole.
3. **Brechen Sie Wortflüche** – insbesondere Todesschwüre und Initiationsgelübde. Verwenden Sie Jesaja 28:18 („Dein Bund mit dem Tod wird aufgehoben...").
4. **Fasten Sie 3 Tage** und lesen Sie dabei Hesekiel 8, Jesaja 47 und Offenbarung 17.
5. **Ersetzen Sie den Altar** : Widmen Sie sich erneut dem Altar Christi allein (Römer 12:1–2). Kommunion. Anbetung. Salbung.

Sie können nicht gleichzeitig in den Höfen des Himmels und in den Höfen Luzifers sein. Wählen Sie Ihren Altar.
Gruppenanmeldung

- Machen Sie sich mit den gängigen Eliteorganisationen in Ihrer Region vertraut – und beten Sie direkt gegen ihren spirituellen Einfluss.
- Halten Sie eine Sitzung ab, bei der die Mitglieder vertraulich beichten können, ob ihre Familien in der Freimaurerei oder ähnlichen Sekten involviert waren.
- Bringen Sie Öl und Kommunion mit – führen Sie eine Massenabkehr

von im Geheimen geleisteten Eiden, Ritualen und Siegeln durch.
- Brechen Sie Ihren Stolz – erinnern Sie die Gruppe daran: **Kein Zugang ist Ihre Seele wert.**

Wichtige Erkenntnisse
Geheimgesellschaften versprechen Licht. Doch nur Jesus ist das Licht der Welt. Jeder andere Altar fordert Blut – kann aber nicht retten.
Reflexionsjournal

- War jemand aus meiner Blutlinie in Geheimgesellschaften oder „Orden" verwickelt?
- Habe ich als akademische Texte getarnte okkulte Bücher gelesen oder besessen?
- Welche Symbole (Pentagramme, allsehende Augen, Sonnen, Schlangen, Pyramiden) sind in meiner Kleidung, Kunst oder meinem Schmuck versteckt?

Gebet der Entsagung
Vater, ich löse mich von jedem Geheimbund, jeder Loge, jedem Eid, jedem Ritual und jedem Altar, der nicht auf Jesus Christus gegründet ist. Ich breche die Bündnisse meiner Väter, meiner Blutsverwandtschaft und meines eigenen Mundes. Ich lehne Freimaurerei, Kabbala, Mystizismus und jeden geheimen Machtpakt ab. Ich zerstöre jedes Symbol, jedes Siegel und jede Lüge, die Licht versprach, aber Knechtschaft brachte. Jesus, ich erhebe dich wieder auf den Thron als meinen einzigen Meister. Lass dein Licht in jeden geheimen Ort scheinen. In deinem Namen wandle ich frei. Amen.

TAG 38: GEBÄRMUTTERBÜNDE & WASSERKÖNIGREICHE – WENN DAS SCHICKSAL VOR DER GEBURT BESCHMUTZT WIRD

„*Die Gottlosen sind von Mutterleib an entfremdet; sie gehen in die Irre, sobald sie geboren sind, und reden Lügen.*" – Psalm 58:3

„*Bevor ich dich im Mutterleib formte, kannte ich dich, bevor du geboren wurdest, habe ich dich ausgesondert ...*" – Jeremia 1:5

Was wäre, wenn die Kämpfe, die Sie ausfechten, nicht mit Ihren Entscheidungen, sondern mit Ihrer Empfängnis begannen?

Was wäre, wenn Ihr Name an dunklen Orten ausgesprochen würde, während Sie noch im Mutterleib wären?

Was wäre, wenn **Ihre Identität ausgetauscht**, Ihr **Schicksal verkauft** und Ihre **Seele markiert würde** – bevor Sie Ihren ersten Atemzug tun?

Dies ist die Realität der **Unterwasserinitiation**, **der Bündnisse mit Meeresgeistern** und **der okkulten Ansprüche auf die Gebärmutter**, die **Generationen verbinden**, insbesondere in Regionen mit tief verwurzelten Ahnen- und Küstenritualen.

Das Wasserreich – Satans Thron in der Tiefe

Im unsichtbaren Reich herrscht Satan **nicht nur über die Luft**. Er beherrscht auch **die Meereswelt** – ein riesiges dämonisches Netzwerk aus Geistern, Altären und Ritualen unter Ozeanen, Flüssen und Seen.

Meeresgeister (allgemein *Mami Wata*, *Königin der Küste*, *Geisterfrauen/-männer* usw. genannt) sind verantwortlich für:

- Vorzeitiger Tod
- Unfruchtbarkeit und Fehlgeburten
- Sexuelle Knechtschaft und Träume

- Seelische Qualen
- Beschwerden bei Neugeborenen
- Muster von geschäftlichem Auf und Ab

Doch wie erlangen diese Geister **rechtlichen Boden** ?
Im Mutterleib.
Unsichtbare Initiationen vor der Geburt

- **Ahnenweihen** – Ein Kind wird einer Gottheit „versprochen", wenn es gesund geboren wird.
- **Okkulte Priesterinnen** berühren während der Schwangerschaft die Gebärmutter.
- **Bündnisnamen** – unwissentlich eine Ehrung von Meeresköniginnen oder -geistern.
- **Geburtsrituale** werden mit Flusswasser, Amuletten oder Kräutern aus Schreinen durchgeführt.
- **Nabelschnurbestattung** mit Beschwörungsformeln.
- **Schwangerschaft in okkulten Umgebungen** (z. B. Freimaurerlogen, New-Age-Zentren, polygame Kulte).

Manche Kinder werden bereits als Sklaven geboren. Deshalb schreien sie bei der Geburt heftig – ihr Geist spürt die Dunkelheit.
Wahre Geschichte – „Mein Baby gehörte dem Fluss"
Jessica aus Sierra Leone hatte fünf Jahre lang versucht, schwanger zu werden. Schließlich wurde sie schwanger, nachdem ihr ein „Prophet" Seife zum Baden und ein Öl zum Einreiben ihrer Gebärmutter gegeben hatte. Das Baby kam kräftig zur Welt – doch mit drei Monaten begann es ununterbrochen zu schreien, immer nachts. Es hasste Wasser, schrie beim Baden und zitterte unkontrolliert, wenn man es in die Nähe eines Flusses brachte.

Eines Tages erlitt ihr Sohn vier Minuten lang Krämpfe und starb. Er kam wieder zu sich und **begann mit neun Monaten wieder richtig zu sprechen** : „Ich gehöre nicht hierher. Ich gehöre der Königin."

Voller Angst suchte Jessica Erlösung. Das Kind wurde erst nach 14 Tagen Fasten und Entsagung freigelassen – ihr Mann musste ein in seinem Dorf verstecktes Familienidol zerstören, bevor die Qualen aufhörten.

Babys werden nicht ohne Vorkenntnisse geboren. Sie werden in Kämpfe hineingeboren, die wir für sie ausfechten müssen.

GLOBALE PARALLELEN

- **Afrika** – Flussaltäre, Mami-Wata-Widmungen, Plazentariten.
- **Asien** – Wassergeister, die bei buddhistischen oder animistischen Geburten angerufen werden.
- **Europa** – druidische Hebammenbündnisse, Wasserrituale der Vorfahren, freimaurerische Weihen.
- **Lateinamerika** – Santeria-Namensgebung, Flussgeister (z. B. Oshun), Geburt nach astrologischen Diagrammen.
- **Nordamerika** – Geburtsrituale des New Age, Hypnobirthing mit spirituellen Führern, „Segenszeremonien" durch Medien.

Anzeichen einer durch die Gebärmutter eingeleiteten Knechtschaft

- Wiederkehrende Fehlgeburtsmuster über Generationen hinweg
- Nachtangst bei Säuglingen und Kindern
- Unerklärliche Unfruchtbarkeit trotz ärztlicher Freigabe
- Ständige Wasserträume (Ozeane, Überschwemmungen, Schwimmen, Meerjungfrauen)
- Irrationale Angst vor Wasser oder Ertrinken
- Sich „beansprucht" fühlen – als ob etwas von Geburt an zusieht

---

Aktionsplan – Brechen Sie den Gebärmutterbund

1. **Bitten Sie den Heiligen Geist,** Ihnen zu offenbaren, ob Sie (oder Ihr Kind) durch Gebärmutterrituale initiiert wurden.
2. **Verzichten Sie auf** alle während der Schwangerschaft geschlossenen Vereinbarungen – ob wissentlich oder unwissentlich.
3. **Beten Sie über Ihre eigene Geburtsgeschichte** – auch wenn Ihre Mutter nicht erreichbar ist, sprechen Sie als gesetzliche spirituelle Wächterin Ihres Lebens.

4. **Fasten Sie mit Jesaja 49 und Psalm 139** – um Ihren göttlichen Bauplan zurückzugewinnen.
5. **Wenn Sie schwanger sind** : Salben Sie Ihren Bauch und sprechen Sie täglich über Ihr ungeborenes Kind:

„Du bist für den Herrn bestimmt. Kein Geist aus Wasser, Blut oder Finsternis soll dich besitzen. Du gehörst Jesus Christus – mit Leib, Seele und Geist."

Gruppenanmeldung

- Bitten Sie die Teilnehmer, alles aufzuschreiben, was sie über ihre Geburtsgeschichte wissen – einschließlich Ritualen, Hebammen oder Namensgebungsereignissen.
- Ermutigen Sie die Eltern, ihre Kinder in einem „christuszentrierten Namensgebungs- und Bündnisgottesdienst" erneut zu weihen.
- Führen Sie Gebete zum Brechen von Wasserbündnissen anhand von *Jesaja 28:18* , *Kolosser 2:14* und *Offenbarung 12:11* .

Wichtige Erkenntnisse
Die Gebärmutter ist ein Tor – und wer hindurchgeht, bringt oft spirituelles Gepäck mit. Doch kein Gebärmutteraltar ist größer als das Kreuz.

Reflexionsjournal

- Waren bei meiner Empfängnis oder Geburt irgendwelche Gegenstände, Öle, Amulette oder Namen im Spiel?
- Erlebe ich spirituelle Angriffe, die in der Kindheit begannen?
- Habe ich unwissentlich Seebündnisse an meine Kinder weitergegeben?

Gebet der Befreiung
Himmlischer Vater, du kanntest mich schon vor meiner Geburt. Heute breche ich jeden verborgenen Bund, jedes Wasserritual und jede dämonische Weihe, die bei oder vor meiner Geburt erfolgte. Ich lehne jeden Anspruch von Meeresgeistern, Hausgeistern oder generationenübergreifenden Mutterleibsaltären ab. Lass das Blut Jesu meine Geburtsgeschichte und die Geschichte meiner Kinder neu

schreiben. Ich bin aus dem Geist geboren – nicht aus Wasseraltären. Im Namen Jesu. Amen.

TAG 39: WASSERGETAUFT IN DIE KNECHTSCHAFT – WIE KINDER, INITIALEN UND UNSICHTBARE BÜNDNISSE TÜREN ÖFFNEN

„Sie vergossen unschuldiges Blut, das Blut ihrer Söhne und Töchter, die sie den Götzen Kanaans opferten, und das Land wurde durch ihr Blut entweiht." – Psalm 106:38

„Kann man den Kriegern Beute nehmen oder Gefangene vor den Gewalttätigen retten?" Aber so spricht der Herr: „Ja, den Kriegern wird die Gefangene genommen und den Gewalttätigen die Beute gerettet ..." – Jesaja 49:24–25

Viele Schicksale wurden nicht nur **im Erwachsenenalter entgleist** – sie wurden **bereits im Kindesalter entführt**.

Diese scheinbar unschuldige Namensgebungszeremonie ...

Dieses beiläufige Bad im Flusswasser, „um das Kind zu segnen" ...

Die Münze in der Hand ... Der Schnitt unter der Zunge ... Das Öl von einer „spirituellen Großmutter" ... Sogar die Initialen, die bei der Geburt gegeben wurden ...

Sie alle mögen kulturell, traditionell und harmlos erscheinen.

Doch das Reich der Finsternis **verbirgt sich in der Tradition** und viele Kinder wurden **heimlich eingeweiht,** bevor sie jemals „Jesus" sagen konnten.

Wahre Geschichte – „Der Fluss hat mir seinen Namen gegeben"

In Haiti wuchs ein Junge namens Malick mit einer seltsamen Angst vor Flüssen und Stürmen auf. Als Kleinkind brachte ihn seine Großmutter zu einem Bach, um ihn zum Schutz den Geistern vorzustellen. Mit sieben Jahren hörte er Stimmen. Mit zehn Jahren hatte er nächtliche Erscheinungen. Mit 14 unternahm er einen Selbstmordversuch, nachdem er ständig eine „Präsenz" an seiner Seite gespürt hatte.

Bei einem Befreiungstreffen manifestierten sich die Dämonen heftig und schrien: „Wir sind am Fluss eingetreten! Wir wurden beim Namen gerufen!" Sein Name „Malick" war Teil einer spirituellen Namensgebungstradition zu Ehren der Flusskönigin. Bis er in Christus umbenannt wurde, dauerten die Qualen an. Jetzt dient er der Befreiung von Jugendlichen, die in Ahnenweihen gefangen sind.

Wie es passiert – Die versteckten Fallen

1. **Initialen als Bündnisse**
   Einige Initialen, insbesondere jene, die mit Ahnennamen, Familiengöttern oder Wassergottheiten verbunden sind (z. B. „MM" = Mami/Marine; „OL" = Oya/Orisha-Linie), fungieren als dämonische Signaturen.
2. **Säuglingsbäder in Flüssen/Bächen.**
   Diese werden „zum Schutz" oder zur „Reinigung" durchgeführt und sind oft **Taufen mit Meeresgeistern**.
3. **Geheime Namenszeremonien,**
   bei denen vor einem Altar oder Schrein ein anderer Name (anders als der öffentliche) geflüstert oder ausgesprochen wird.
4. **Rituale zur Entfernung von Muttermalen:**
   Öle, Asche oder Blut werden auf die Stirn oder Gliedmaßen aufgetragen, um ein Kind für die Geister zu „markieren".
5. **Wassergespeiste Nabelschnurbestattungen:**
   Nabelschnüre werden in Flüsse oder Bäche geworfen oder mit Wasserbeschwörungen begraben, wodurch das Kind an Wasseraltäre gebunden wird.

Wenn Ihre Eltern Sie nicht zu Christus bekennen, besteht die Möglichkeit, dass jemand anderes Sie für sich beansprucht hat.

Globale okkulte Praktiken zur Bindung an die Gebärmutter

- **Afrika** – Babys werden nach Flussgottheiten benannt, Schnüre werden in der Nähe von Meeresaltären vergraben.
- **Karibik/Lateinamerika** – Santeria-Taufrituale, Weihungen im Yoruba-Stil mit Kräutern und Flussgegenständen.

- **Asien** – Hinduistische Rituale mit Gangeswasser, astrologisch berechnete Namensgebung im Zusammenhang mit Elementargeistern.
- **Europa** – Druidische oder esoterische Namenstraditionen, die Wald-/Wasserwächter anrufen.
- **Nordamerika** – Rituale der Einweihung durch die Ureinwohner, moderne Babysegnungen der Wicca, Namensgebungszeremonien des New Age unter Anrufung „alter Führer".

Woher weiß ich das?

- Unerklärliche Qualen in der frühen Kindheit, Krankheiten oder „imaginäre Freunde"
- Träume von Flüssen, Meerjungfrauen, vom Wasser gejagt zu werden
- Abneigung gegen Kirchen, aber Faszination für mystische Dinge
- Ein tiefes Gefühl, von Geburt an „verfolgt" oder beobachtet zu werden
- Entdecken Sie einen zweiten Namen oder eine unbekannte Zeremonie, die mit Ihrer Kindheit verbunden ist

Aktionsplan – Die Kindheit retten

1. **Fragen Sie den Heiligen Geist**: Was geschah, als ich geboren wurde? Welche geistigen Hände berührten mich?
2. **Verzichten Sie auf alle verborgenen Widmungen**, auch wenn sie aus Unwissenheit erfolgen: „Ich lehne jeden Bund ab, der in meinem Namen geschlossen wurde und nicht mit dem Herrn Jesus Christus geschlossen wurde."
3. **Lösen Sie Verbindungen zu Namen, Initialen und Token Ihrer Vorfahren**.
4. **Verwenden Sie Jesaja 49:24–26, Kolosser 2:14 und 2. Korinther 5:17**, um Ihre Identität in Christus zu bekunden.
5. bei Bedarf **eine erneute Weihezeremonie ab** – stellen Sie sich (oder Ihre Kinder) Gott erneut vor und nennen Sie neue Namen, wenn Sie dazu aufgefordert werden.

GRUPPENANMELDUNG

- Bitten Sie die Teilnehmer, die Geschichte ihrer Namen zu erforschen.
- Schaffen Sie Raum für spirituelle Umbenennungen, wenn Sie dazu aufgefordert werden – erlauben Sie den Menschen, Namen wie „David", „Esther" oder spirituell bedingte Identitäten anzunehmen.
- Führen Sie die Gruppe zu einer symbolischen *erneuten Taufe* der Hingabe – kein Untertauchen im Wasser, sondern eine Salbung und ein auf Worten basierender Bund mit Christus.
- Lassen Sie die Eltern im Gebet Bündnisse über ihre Kinder brechen: „Ihr gehört zu Jesus – kein Geist, kein Fluss und keine Ahnenverbindung hat irgendeine rechtliche Grundlage."

Wichtige Erkenntnisse
Dein Anfang ist wichtig. Aber er muss nicht dein Ende bestimmen. Jeder Flussanspruch kann durch den Fluss des Blutes Jesu gebrochen werden.

Reflexionsjournal

- Welche Namen oder Initialen wurden mir gegeben und was bedeuten sie?
- Gab es bei meiner Geburt geheime oder kulturelle Rituale, auf die ich verzichten muss?
- Habe ich mein Leben – meinen Körper, meine Seele, meinen Namen und meine Identität – wirklich dem Herrn Jesus Christus gewidmet?

Gebet der Erlösung
Vater Gott, ich komme vor Dich im Namen Jesu. Ich löse mich von jedem Bund, jeder Weihe und jedem Ritual, das bei meiner Geburt vollzogen wurde. Ich lehne jede Namensgebung, Wasserinitiation und jeden Anspruch auf meine Vorfahren ab. Ob durch Initialen, Namensgebung oder verborgene Altäre – ich löse jedes dämonische Recht auf mein Leben auf. Ich erkläre hiermit, dass ich ganz Dir gehöre. Mein

Name steht im Buch des Lebens. Meine Vergangenheit ist durch das Blut Jesu bedeckt, und meine Identität ist durch den Heiligen Geist besiegelt. Amen.

TAG 40: VOM BEFREITETEN ZUM BEFREIER – DEIN SCHMERZ IST DEINE ORDINATION

„Aber das Volk, das seinen Gott kennt, wird stark sein und große Taten vollbringen." – Daniel 11:32

„Da erweckte der Herr Richter, die sie aus der Hand dieser Räuber retteten." – Richter 2:16

Sie wurden nicht erlöst, um still in der Kirche zu sitzen.

Sie wurden nicht freigelassen, um einfach zu überleben. Sie wurden erlöst, **um andere zu erlösen**.

Derselbe Jesus, der den Besessenen in Markus 5 heilte, schickte ihn zurück nach Dekapolis, um die Geschichte zu erzählen. Kein Priesterseminar. Keine Ordination. Nur ein **brennendes Zeugnis** und ein brennender Mund.

Sie sind dieser Mann. Diese Frau. Diese Familie. Diese Nation.

Der Schmerz, den du ertragen hast, ist jetzt deine Waffe.

Die Qual, der du entkommen bist, ist deine Trompete. Was dich in der Dunkelheit gefangen hielt, wird jetzt zur **Bühne deiner Herrschaft.**

Wahre Geschichte – Von der Marinebraut zur Befreiungspredigerin

Rebecca aus Kamerun war die Braut eines Meeresgeistes. Sie wurde im Alter von acht Jahren während einer Namensgebungszeremonie an der Küste initiiert. Mit 16 hatte sie bereits Sex in Träumen, kontrollierte Männer mit ihren Augen und hatte durch Zauberei mehrere Scheidungen verursacht. Sie war als „der schöne Fluch" bekannt.

Als sie an der Universität mit dem Evangelium in Berührung kam, gerieten ihre Dämonen außer Kontrolle. Sechs Monate Fasten, Befreiung und intensive Jüngerschaft waren nötig, bis sie frei war.

Heute hält sie Befreiungskonferenzen für Frauen in ganz Afrika ab. Tausende wurden durch ihren Gehorsam befreit.

Was wäre, wenn sie geschwiegen hätte?

Apostolischer Aufstieg – Globale Befreier werden geboren

- **In Afrika** gründen ehemalige Medizinmänner heute Kirchen.
- **In Asien** predigen ehemalige Buddhisten Christus in geheimen Häusern.
- **In Lateinamerika** zerstören ehemalige Santeria-Priester heute Altäre.
- **In Europa** leiten ehemalige Okkultisten Online-Bibelstudien.
- **In Nordamerika** führen Überlebende der Täuschungen des New Age wöchentlich Zoom-Befreiungsgespräche durch.

Sie sind **die Unwahrscheinlichen**, die Gebrochenen, die ehemaligen Sklaven der Dunkelheit, die jetzt im Licht marschieren – und **Sie sind einer von ihnen**.

Endgültiger Aktionsplan – Nehmen Sie an Ihrem Anruf teil

1. **Schreiben Sie Ihr Zeugnis** – auch wenn Sie das Gefühl haben, es sei nicht dramatisch. Jemand braucht Ihre Freiheitsgeschichte.
2. **Fangen Sie klein an** – Beten Sie für einen Freund. Veranstalten Sie eine Bibelstunde. Teilen Sie Ihren Befreiungsprozess.
3. **Hören Sie nie auf zu lernen** – Erlöser bleiben im Wort, bleiben reumütig und bleiben scharfsinnig.
4. **Schützen Sie Ihre Familie** – Erklären Sie täglich, dass die Dunkelheit bei Ihnen und Ihren Kindern ein Ende hat.
5. **Erklären Sie spirituelle Kriegsgebiete** – Ihren Arbeitsplatz, Ihr Zuhause, Ihre Straße. Seien Sie der Torwächter.

Gruppeninbetriebnahme
Heute ist nicht nur eine Andacht – es ist eine **Beauftragungszeremonie**.

- Salbt einander das Haupt mit Öl und sagt:

„Du bist erlöst, um zu erlösen. Erhebe dich, Richter Gottes."

- Erklären Sie laut als Gruppe:

„Wir sind keine Überlebenden mehr. Wir sind Krieger. Wir tragen das Licht, und die Dunkelheit zittert."

- Bestimmen Sie Gebetspaare oder Rechenschaftspartner, um weiterhin an Mut und Wirkung zu gewinnen.

Wichtige Erkenntnisse
Die größte Rache gegen das Reich der Finsternis ist nicht nur die Freiheit. Es ist die Vermehrung.

Abschließendes Reflexionsjournal

- Wann wusste ich, dass ich aus der Dunkelheit ins Licht gelangt war?
- Wer muss meine Geschichte hören?
- Wo kann ich diese Woche gezielt anfangen, Licht ins Dunkel zu bringen?
- Bin ich bereit, mich verspotten, missverstehen und Widerstand ertragen zu lassen – nur um andere zu befreien?

Gebet der Beauftragung
Vater Gott, ich danke dir für 40 Tage voller Feuer, Freiheit und Wahrheit. Du hast mich nicht gerettet, um mir Schutz zu bieten – du hast mich erlöst, um andere zu erlösen. Heute empfange ich diesen Mantel. Mein Zeugnis ist ein Schwert. Meine Narben sind Waffen. Meine Gebete sind Hämmer. Mein Gehorsam ist Anbetung. Ich wandle nun im Namen Jesu – als Brandstifter, Befreier, Lichtbringer. Ich gehöre dir. Die Dunkelheit hat keinen Platz in mir und um mich herum. Ich nehme meinen Platz ein. Im Namen Jesu. Amen.

360° TÄGLICHE ERKLÄRUNG DER BEFREIUNG UND HERRSCHAFT – Teil 1

„*Keine Waffe, die gegen dich geschmiedet wird, soll Erfolg haben, und jede Zunge, die sich im Gericht gegen dich erhebt, sollst du verurteilen. Dies ist das Erbe der Diener des Herrn ...*" – Jesaja 54:17

Heute und jeden Tag nehme ich meinen vollen Platz in Christus ein – mit Geist, Seele und Körper.

Ich schließe jede Tür – bekannte und unbekannte – zum Königreich der Dunkelheit.

Ich breche jeglichen Kontakt, Vertrag, Bund oder jede Verbindung mit bösen Altären, Ahnengeistern, Geisterpartnern, okkulten Gesellschaften, Hexerei und dämonischen Allianzen ab – beim Blut Jesu!

Ich erkläre, dass ich nicht käuflich bin. Ich bin nicht erreichbar. Ich bin nicht rekrutierbar. Ich bin nicht wiedereingeführt.

Jeder satanische Rückruf, jede spirituelle Überwachung und jede böse Beschwörung – werde durch Feuer zerstreut, im Namen Jesu!

Ich verpflichte mich dem Geist Christi, dem Willen des Vaters und der Stimme des Heiligen Geistes.

Ich wandle im Licht, in der Wahrheit, in der Kraft, in der Reinheit und in der Zielstrebigkeit.

Ich schließe jedes dritte Auge, jedes psychische Tor und jedes unheilige Portal, das durch Träume, Traumata, Sex, Rituale, Medien oder falsche Lehren geöffnet wurde.

Lass das Feuer Gottes jede illegale Ablagerung in meiner Seele verzehren, im Namen Jesu.

Ich spreche zur Luft, zum Land, zum Meer, zu den Sternen und zum Himmel: Ihr werdet nicht gegen mich arbeiten.

Jeder verborgene Altar, jeder Agent, jeder Wächter und jeder flüsternde Dämon, der sich gegen mein Leben, meine Familie, meine Berufung oder mein Territorium richtet – werdet durch das Blut Jesu entwaffnet und zum Schweigen gebracht!

Ich vertiefe meinen Geist in das Wort Gottes.

Ich erkläre, dass meine Träume geheiligt sind. Meine Gedanken sind abgeschirmt. Mein Schlaf ist heilig. Mein Körper ist ein Tempel aus Feuer.

Von diesem Moment an erlebe ich eine umfassende Befreiung – nichts bleibt verborgen, nichts wird übersehen.

Jede noch bestehende Knechtschaft bricht. Jedes Generationenjoch zerbricht. Jede nicht bereute Sünde wird aufgedeckt und gereinigt.

Ich erkläre:

- **Die Dunkelheit hat keine Macht über mich.**
- **Mein Zuhause ist ein Brandgebiet.**
- **Meine Tore sind in Herrlichkeit versiegelt.**
- **Ich lebe im Gehorsam und gehe mit Kraft.**

Ich erhebe mich als Befreier meiner Generation.

Ich werde nicht zurückblicken. Ich werde nicht umkehren. Ich bin Licht. Ich bin Feuer. Ich bin frei. Im mächtigen Namen Jesu. Amen!

360° TÄGLICHE ERKLÄRUNG DER BEFREIUNG UND HERRSCHAFT – Teil 2

Schutz vor Hexerei, Zauberei, Nekromanten, Medien und dämonischen Kanälen

Befreiung für Sie selbst und andere, die unter ihrem Einfluss oder ihrer Knechtschaft stehen

Reinigung und Bedeckung durch das Blut Jesu

Wiederherstellung von Gesundheit, Identität und Freiheit in Christus

Schutz und Freiheit vor Hexerei, Medien, Nekromanten und spiritueller Knechtschaft

(durch das Blut Jesu und das Wort unseres Zeugnisses)

„Und sie haben ihn besiegt durch das Blut des Lammes und durch das Wort ihres Zeugnisses..."

– *Offenbarung 12:11*

„Der Herr ... vereitelt die Zeichen falscher Propheten und macht Wahrsager zu Narren ... Er bestätigt das Wort seines Dieners und erfüllt den Rat seiner Boten."

– *Jesaja 44:25–26*

„Der Geist des Herrn ist auf mir ... um den Gefangenen die Freiheit zu verkünden und den Gebundenen die Befreiung ..."

– *Lukas 4:18*

ERÖFFNUNGSGEBET:

Vater Gott, ich komme heute mutig durch das Blut Jesu. Ich erkenne die Macht deines Namens an und erkläre, dass du allein mein Befreier und Verteidiger bist. Ich stehe als dein Diener und Zeuge und verkünde heute dein Wort mit Mut und Autorität.

ERKLÄRUNGEN ZUM SCHUTZ und zur Befreiung

1. Befreiung von Hexerei, Medien, Nekromanten und spirituellem Einfluss:

- Ich **breche und widerspreche** jedem Fluch, Zauber, jeder Wahrsagerei, Verzauberung, Manipulation, Überwachung, Astralprojektion oder Seelenverbindung – ausgesprochen oder ausgeführt – durch Hexerei, Nekromantie, Medien oder spirituelle Kanäle.
- Ich **erkläre** , dass das **Blut Jesu** gegen jeden unreinen Geist gerichtet ist, der versucht, mich oder meine Familie zu binden, abzulenken, zu täuschen oder zu manipulieren.
- Ich befehle, dass **alle geistigen Störungen, Besessenheiten, Unterdrückungen oder Seelenbindungen** jetzt durch die Autorität im Namen Jesu Christi gebrochen werden.
- Ich spreche von **Befreiung für mich selbst und für jeden Menschen, der wissentlich oder unwissentlich unter dem Einfluss von Hexerei oder falschem Licht steht** . Komm jetzt heraus! Sei frei, im Namen Jesu!
- Ich rufe das Feuer Gottes an, um **jedes geistige Joch, jeden satanischen Vertrag und jeden** im Geist errichteten Altar zu verbrennen, der unser Schicksal versklavt oder in die Falle lockt.

„Es gibt keine Zauberei gegen Jakob und keine Wahrsagerei gegen Israel." – *Numeri 23:23*

2. Reinigung und Schutz von sich selbst, den Kindern und der Familie:

- Ich rufe das Blut Jesu über meinen **Verstand, meine Seele, meinen Geist, meinen Körper, meine Gefühle, meine Familie, meine Kinder und meine Arbeit.**
- Ich erkläre: Ich und mein Haus sind **durch den Heiligen Geist versiegelt und mit Christus in Gott verborgen.**
- Keine Waffe, die gegen uns geschmiedet wird, wird Erfolg haben. Jede Zunge, die Böses gegen uns sagt, wird im Namen Jesu **gerichtet und**

zum Schweigen gebracht.
- **Geist der Angst, der Qual, der Verwirrung, der Verführung oder der Kontrolle** und vertreibe ihn.

„Ich bin der HERR, der die Zeichen der Lügner zunichte macht ..." – *Jesaja 44:25*

3. Wiederherstellung der Identität, des Ziels und des gesunden Geistes:

- Ich fordere jeden Teil meiner Seele und Identität zurück, der durch Täuschung oder spirituellen Kompromiss **verkauft, gefangen oder gestohlen wurde.**
- Ich erkläre: Ich habe den **Geist Christi** und wandle mit Klarheit, Weisheit und Autorität.
- Ich erkläre: Ich bin **von jedem Generationenfluch und jeder häuslichen Hexerei befreit** und stehe im Bund mit dem Herrn.

„Gott hat mir nicht einen Geist der Furcht gegeben, sondern der Kraft, der Liebe und der Besonnenheit." – *2. Timotheus 1:7*

4. Tägliche Bedeckung und Sieg in Christus:

- Ich erkläre: Heute lebe ich unter göttlichem **Schutz, Einsicht und Frieden**.
- Das Blut Jesu spricht für mich **Besseres** – Schutz, Heilung, Autorität und Freiheit.
- Jeder böse Auftrag, der mir für diesen Tag aufgetragen wurde, ist umgestoßen. Ich wandle siegreich und triumphiere in Christus Jesus.

„Tausend mögen fallen an meiner Seite und zehntausend zu meiner Rechten, aber es wird mich nicht erreichen..." – *Psalm 91:7*

SCHLUSSERKLÄRUNG UND ZEUGNIS:

„Ich überwinde jede Form von Dunkelheit, Hexerei, Nekromantie, Zauberei, psychischer Manipulation, Seelenmanipulation und böser spiritueller Übertragung – nicht durch meine Kraft, sondern **durch das Blut Jesu und das Wort meines Zeugnisses**."

Ich erkläre: **Ich bin erlöst. Mein Haus ist erlöst.** Jedes verborgene Joch ist zerbrochen. Jede Falle ist entlarvt. Jedes falsche Licht ist ausgelöscht. Ich wandle in Freiheit. Ich wandle in Wahrheit. Ich wandle in der Kraft des Heiligen Geistes.

„Der Herr bestätigt das Wort seines Knechtes und führt den Rat seines Boten aus. So soll es heute und von nun an jeden Tag sein."

Im mächtigen Namen Jesu, **Amen.**

BIBELVERWEISE:

- Jesaja 44:24-26
- Offenbarung 12:11
- Jesaja 54:17
- Psalm 91
- 4. Mose 23:23
- Lukas 4:18
- Epheser 6:10-18
- Kolosser 3:3
- 2. Timotheus 1:7

360° TÄGLICHE ERKLÄRUNG DER BEFREIUNG UND HERRSCHAFT - Teil 3

„*Der Herr ist ein Kriegsmann; Herr ist sein Name.*" – Exodus 15:3
„*Sie haben ihn besiegt durch das Blut des Lammes und durch das Wort ihres Zeugnisses...*" – Offenbarung 12:11

Heute stehe ich auf und nehme meinen Platz in Christus ein – sitzend in himmlischen Orten, weit über allen Fürstentümern, Mächten, Thronen, Herrschaften und jedem Namen, der genannt wird.

ICH VERZICHTE

Ich verzichte auf jeden bekannten und unbekannten Bund, Eid oder jede Initiation:

- Freimaurerei (1. bis 33. Grad)
- Kabbala und jüdische Mystik
- Eastern Star und Rosenkreuzer
- Jesuitenorden und Illuminaten
- Satanische Bruderschaften und luziferische Sekten
- Meeresgeister und Unterwasserbündnisse
- Kundalini-Schlangen, Chakra-Ausrichtungen und Aktivierung des dritten Auges
- New-Age-Täuschung, Reiki, christliches Yoga und Astralreisen
- Hexerei, Zauberei, Nekromantie und astrale Verträge
- Okkulte Seelenbande durch Sex, Rituale und geheime Pakte
- Freimaurerische Eide über meine Blutlinie und die Priesterschaft meiner Vorfahren

Ich durchtrenne jede spirituelle Nabelschnur, um:

- Antike Blutaltäre

- Falsches prophetisches Feuer
- Geisterpartner und Traumeindringlinge
- Heilige Geometrie, Lichtcodes und universelle Gesetzeslehren
- Falsche Christusse, vertraute Geister und gefälschte heilige Geister

Lass das Blut Jesu für mich sprechen. Lass jeden Vertrag zerreißen. Lass jeden Altar zerschmettern. Lass jede dämonische Identität ausgelöscht werden – jetzt!

ICH ERKLÄRE
Ich erkläre:

- Mein Körper ist ein lebendiger Tempel des Heiligen Geistes.
- Mein Geist wird durch den Helm der Erlösung geschützt.
- Meine Seele wird täglich durch die Reinigung durch das Wort geheiligt.
- Mein Blut wird durch Golgatha gereinigt.
- Meine Träume sind im Licht versiegelt.
- Mein Name steht im Buch des Lebens des Lammes – nicht in irgendeinem okkulten Register, einer Loge, einem Logbuch, einer Schriftrolle oder einem Siegel!

ICH BEFEHLE
Ich befehle:

- Jeder Agent der Dunkelheit – Beobachter, Überwacher, Astralprojektoren – soll geblendet und zerstreut werden.
- Jede Verbindung zur Unterwelt, zur Meereswelt und zur Astralebene – zerreißt sie!
- Jedes dunkle Mal, jedes Implantat, jede rituelle Wunde oder jedes spirituelle Brandmal – werde durch Feuer gereinigt!
- Jeder vertraute Geist, der Lügen flüstert – sei jetzt zum Schweigen gebracht!

ICH LÖSE
Ich löse mich von:

- Alle dämonischen Zeitlinien, Seelengefängnisse und Geisterkäfige
- Alle Ranglisten und Abschlüsse der Geheimgesellschaften
- Alle falschen Mäntel, Throne oder Kronen, die ich getragen habe
- Jede Identität, die nicht von Gott geschaffen wurde
- Jede Allianz, Freundschaft oder Beziehung, die durch dunkle Systeme gestärkt wird

ICH STELLEN
Ich stelle fest:

- Eine Firewall der Herrlichkeit um mich und meinen Haushalt
- Heilige Engel an jedem Tor, Portal, Fenster und Weg
- Reinheit in meinen Medien, meiner Musik, meinen Erinnerungen und meinem Geist
- Wahrheit in meinen Freundschaften, meinem Dienst, meiner Ehe und meiner Mission
- Ungebrochene Gemeinschaft mit dem Heiligen Geist

ICH SENDE EIN
Ich unterwerfe mich ganz Jesus Christus –
dem Lamm, das geschlachtet wurde, dem König, der herrscht, dem Löwen, der brüllt.
Ich wähle das Licht. Ich wähle die Wahrheit. Ich wähle den Gehorsam.
Ich gehöre nicht zu den dunklen Königreichen dieser Welt.
Ich gehöre zum Königreich unseres Gottes und seines Christus.
ICH WARNE DEN FEIND
Mit dieser Erklärung teile ich mit:

- Jedes hochrangige Fürstentum
- Jeder herrschende Geist über Städte, Blutlinien und Nationen
- Jeder Astralreisende, jede Hexe, jeder Hexenmeister oder jeder gefallene Stern ...

Ich bin unantastbares Eigentum.

Mein Name findet sich nicht in euren Archiven. Meine Seele ist unverkäuflich. Meine Träume stehen unter Befehl. Mein Körper ist nicht euer Tempel. Meine Zukunft ist nicht euer Spielplatz. Ich werde nicht in die Knechtschaft zurückkehren. Ich werde die Zyklen der Vorfahren nicht wiederholen. Ich werde kein fremdes Feuer tragen. Ich werde kein Ruheplatz für Schlangen sein.

ICH VERSEGEL

Ich besiegele diese Erklärung mit:

- Das Blut Jesu
- Das Feuer des Heiligen Geistes
- Die Autorität des Wortes
- Die Einheit des Leibes Christi
- Der Klang meines Zeugnisses

Im Namen Jesu, Amen und Amen

FAZIT: VOM ÜBERLEBEN ZUR SOHNSCHAFT – FREI BLEIBEN, FREI LEBEN, ANDERE FREI LASSEN

„*So steht nun fest in der Freiheit, zu der uns Christus befreit hat, und lasst euch nicht wieder das Joch der Knechtschaft auflegen.*" – Galater 5:1

„*Er führte sie heraus aus der Finsternis und dem Todesschatten und zerbrach ihre Ketten.*" – Psalm 107:14

In diesen 40 Tagen ging es nie nur um Wissen. Es ging um **Kampf**, **Erwachen** und **darum, die Herrschaft auszuüben**.

Sie haben gesehen, wie das dunkle Königreich agiert – subtil, generationenübergreifend, manchmal auch offen. Sie sind durch die Tore der Vorfahren, Traumreiche, okkulte Pakte, globale Rituale und spirituelle Qualen gereist. Sie sind Zeugnissen unvorstellbaren Schmerzes begegnet – aber auch **radikaler Erlösung**. Sie haben Altäre zerstört, Lügen abgeschworen und sich Dingen gestellt, die viele Kanzeln nicht aussprechen wollen.

ABER DAS IST NICHT DAS ENDE.

Jetzt beginnt die wahre Reise: **Bewahren Sie Ihre Freiheit. Leben Sie im Geist. Zeigen Sie anderen den Ausweg.**

Es ist leicht, 40 Tage lang Feuer zu ertragen und dann nach Ägypten zurückzukehren. Es ist leicht, Altäre niederzureißen, nur um sie in Einsamkeit, Lust oder geistiger Erschöpfung wieder aufzubauen.

Nicht.

Sie sind nicht länger ein **Sklave der Zyklen**. Sie sind ein **Wächter** auf der Mauer. Ein **Torhüter** für Ihre Familie. Ein **Krieger** für Ihre Stadt. Eine **Stimme** für die Nationen.

7 LETZTE GEBÜHREN FÜR DIEJENIGEN, DIE IN DER HERRSCHAFT WANDELN WERDEN

1. **Bewache deine Tore.**
   Öffne spirituelle Türen nicht durch Kompromisse, Rebellion, Beziehungen oder Neugier.
   „*Gebt dem Teufel keinen Raum.*" – Epheser 4:27
2. **Disziplinieren Sie Ihren Appetit.**
   Fasten sollte Teil Ihres monatlichen Rhythmus sein. Es bringt die Seele in Einklang und hält Ihr Fleisch unter Kontrolle.
3. **Verpflichten Sie sich zur Reinheit**
   – emotional, sexuell, verbal und visuell. Unreinheit ist das Tor Nummer eins, durch das Dämonen wieder einkriechen.
4. **Meistere das Wort der**
   Heiligen Schrift. Es ist dein Schwert, dein Schild und dein tägliches Brot. „*Lasst das Wort Christi reichlich in euch wohnen...*" (Kol. 3,16)
5. **Finden Sie Ihren Stamm.**
   Befreiung sollte nie allein geschehen. Bauen, dienen und heilen Sie in einer vom Geist erfüllten Gemeinschaft.
6. **Leid annehmen.**
   Ja, Leid. Nicht jede Qual ist dämonisch. Manche ist heilig. Geh hindurch. Der Ruhm liegt vor dir.
   „*Nachdem ihr eine kleine Weile gelitten habt ... wird er euch stärken, beruhigen und festigen.*" – 1. Petrus 5:10
7. **Lehren Sie andere.**
   Umsonst haben Sie empfangen – geben Sie jetzt umsonst. Helfen Sie anderen, frei zu werden. Beginnen Sie bei Ihnen zu Hause, in Ihrem Umfeld, in Ihrer Gemeinde.

VON DER ÜBERLIEFERUNG ZUM JÜNGER

Dieses Andachtslied ist ein weltweiter Schrei – nicht nur nach Heilung, sondern nach dem Aufstand einer Armee.

Es ist **Zeit für Hirten**, die Krieg wittern.

Es ist **Zeit für Propheten**, die vor Schlangen nicht zurückschrecken.

Es ist **Zeit für Mütter und Väter**, die Generationenverträge brechen und Altäre der Wahrheit errichten.

Es ist **Zeit für** die Warnung der Nationen und für die Kirche, nicht länger zu schweigen.

DU BIST DER UNTERSCHIED

Es ist wichtig, wohin du von hier aus gehst. Es ist wichtig, was du mitnimmst. Die Dunkelheit, aus der du gezogen wurdest, ist genau das Gebiet, über das du jetzt die Kontrolle hast.

Befreiung war Ihr Geburtsrecht. Herrschaft ist Ihr Mantel.

Gehen Sie jetzt hinein.

SCHLUSSGEBET

Herr Jesus, danke, dass du mich diese 40 Tage begleitet hast. Danke, dass du die Dunkelheit entlarvt, die Ketten gesprengt und mich an einen höheren Ort gerufen hast. Ich weigere mich, umzukehren. Ich breche jede Vereinbarung aus Angst, Zweifel und Versagen. Ich nehme meine Aufgabe im Königreich mit Mut an. Benutze mich, um andere zu befreien. Erfülle mich täglich mit dem Heiligen Geist. Lass mein Leben zu einer Waffe des Lichts werden – in meiner Familie, in meiner Nation, im Leib Christi. Ich werde nicht schweigen. Ich werde mich nicht besiegen lassen. Ich werde nicht aufgeben. Ich wandle aus der Dunkelheit in die Herrschaft. Für immer. Im Namen Jesu. Amen.

Wie man wiedergeboren wird und ein neues Leben mit Christus beginnt

Vielleicht sind Sie schon einmal mit Jesus gewandelt oder haben ihn gerade erst in diesen 40 Tagen kennengelernt. Aber gerade jetzt regt sich etwas in Ihnen.

Sie sind bereit für mehr als nur Religion.

Sie sind bereit für **eine Beziehung**.

Sie sind bereit zu sagen: „Jesus, ich brauche Dich."

Hier ist die Wahrheit:

„Denn jeder hat gesündigt; wir alle erreichen Gottes herrlichen Maßstab nicht … doch Gott macht uns in seiner Gnade freimütig vor seinen Augen gerecht."

– Römer 3:23–24 (NLT)

Sie können sich die Erlösung nicht verdienen.

Sie können sich nicht selbst heilen. Aber Jesus hat den vollen Preis bereits bezahlt – und er wartet darauf, Sie zu Hause willkommen zu heißen.

Wie man wiedergeboren wird

WIEDERGEBOREN ZU WERDEN bedeutet, Ihr Leben Jesus zu übergeben – seine Vergebung anzunehmen, zu glauben, dass er starb und wieder auferstand, und ihn als Ihren Herrn und Erlöser anzunehmen.

Es ist einfach. Es ist wirkungsvoll. Es verändert alles.

Beten Sie dies laut:

HERR JESUS, ICH GLAUBE, dass du Gottes Sohn bist.
   Ich glaube, dass du für meine Sünden gestorben und auferstanden bist.
   Ich bekenne, dass ich gesündigt habe und deine Vergebung brauche.
   Heute bereue ich und wende mich von meinen alten Gewohnheiten ab.
   Ich lade dich ein, mein Herr und Erlöser zu sein.

Wasche mich rein. Erfülle mich mit deinem Geist.
Ich erkläre, dass ich wiedergeboren, vergeben und frei bin.
Von heute an werde ich dir folgen –
und in deinen Fußstapfen leben.
Danke, dass du mich gerettet hast. Im Namen Jesu, Amen.

Nächste Schritte nach der Erlösung

1. **Erzählen Sie es jemandem** – Teilen Sie Ihre Entscheidung mit einem Gläubigen, dem Sie vertrauen.
2. **Finden Sie eine bibelbasierte Kirche** – Treten Sie einer Gemeinschaft bei, die Gottes Wort lehrt und lebt. Besuchen Sie God's Eagle Ministries online unter https://www.otakada.org [1] oder https://chat.whatsapp.com/H67spSun32DDTma8TLh0ov
3. **Lassen Sie sich taufen** – Machen Sie den nächsten Schritt, um Ihren Glauben öffentlich zu bekennen.
4. **Lesen Sie täglich die Bibel** – Beginnen Sie mit dem Johannesevangelium.
5. **Beten Sie jeden Tag** – Sprechen Sie mit Gott als Freund und Vater.
6. **Bleiben Sie in Kontakt** – Umgeben Sie sich mit Menschen, die Sie auf Ihrem neuen Weg unterstützen.
7. **Starten Sie einen Jüngerschaftsprozess innerhalb der Gemeinschaft** – Entwickeln Sie über diese Links eine persönliche Beziehung zu Jesus Christus

40-tägiger Jüngerschaftskurs 1 - https://www.otakada.org/get-free-40-days-online-discipleship-course-in-a-journey-with-jesus/

40 Jüngerschaft 2 - https://www.otakada.org/get-free-40-days-dna-of-discipleship-journey-with-jesus-series-2/

---

1. https://www.otakada.org

Mein Erlösungsmoment

Datum : _____
    Unterschrift : _____

„*Ist jemand in Christus, so ist er eine neue Schöpfung; das Alte ist vergangen, Neues ist geworden!*"
    – 2. Korinther 5,17

Zertifikat des neuen Lebens in Christus

Heilserklärung – Wiedergeboren durch Gnade

Dies bescheinigt, dass

_____

(VOLLSTÄNDIGER NAME)

hat öffentlich **seinen Glauben an Jesus Christus** als Herrn und Erlöser bekannt und durch seinen Tod und seine Auferstehung das Geschenk der Erlösung erhalten.

„Wenn du öffentlich bekennst, dass Jesus der Herr ist, und in deinem Herzen glaubst, dass Gott ihn von den Toten auferweckt hat, wirst du gerettet werden."
– Römer 10:9 (NLT)

An diesem Tag jubelt der Himmel und eine neue Reise beginnt.

Datum der Entscheidung : _____

Unterschrift : _____

Heilserklärung

„HEUTE ÜBERGEBE ICH mein Leben Jesus Christus. Ich glaube, dass er für meine Sünden gestorben und wieder auferstanden ist. Ich nehme ihn als meinen Herrn und Erlöser an. Mir ist vergeben, ich bin wiedergeboren und erneuert. Von diesem Moment an werde ich in seinen Fußstapfen wandeln."

Willkommen in der Familie Gottes!

IHR NAME STEHT IM LEBENSBUCH des Lammes.

Ihre Geschichte hat gerade erst begonnen – und sie ist ewig.

VERBINDEN SIE SICH MIT GOD'S EAGLE MINISTRIES

- Website: www.otakada.org[1]
- Reichtum jenseits der Sorgen-Serie: www.wealthbeyondworryseries.com[2]
- E-Mail: ambassador@otakada.org

- **Unterstützen Sie diese Arbeit:**

Unterstützen Sie Projekte, Missionen und kostenlose globale Ressourcen des Königreichs durch Spenden im Rahmen eines Bundes.
Scannen Sie den QR-Code, um zu spenden:
https://tithe.ly/give?c=308311
Ihre Großzügigkeit hilft uns, mehr Seelen zu erreichen, Ressourcen zu übersetzen, Missionare zu unterstützen und weltweit Jüngerschaftssysteme aufzubauen. Vielen Dank!

---

1. https://www.otakada.org
2. https://www.wealthbeyondworryseries.com

3. TRETEN SIE UNSERER WhatsApp Covenant Community bei

Erhalten Sie Updates und Andachtsinhalte und vernetzen Sie sich mit bundesorientierten Gläubigen auf der ganzen Welt.

Scannen zum Beitreten

https://chat.whatsapp.com/H67spSun32DDTma8TLh0ov

EMPFOHLENE BÜCHER UND RESSOURCEN

- *Erlöst von der Macht der Finsternis* (Taschenbuch) — Hier kaufen [1] | E-Book [2] bei Amazon [3]

- Top-Rezensionen aus den USA:
  - Kindle-Kunde : „Die beste christliche Lektüre aller Zeiten!" (5 Sterne)

---

1. https://shop.ingramspark.com/b/084?params=oeYbAkVTC5ao8PfdVdzwko7wi6IQimgJY2779NaqG4e
2. https://www.amazon.com/Delivered-Power-Darkness-AFRICAN-DELIVERED-ebook/dp/B0CC5MM4MV
3. https://www.amazon.com/Delivered-Power-Darkness-AFRICAN-DELIVERED-ebook/dp/B0CC5MM4MV

GELOBT SEI JESUS FÜR dieses Zeugnis. Ich bin so gesegnet und kann jedem nur empfehlen, dieses Buch zu lesen ... Denn der Lohn der Sünde ist der Tod, doch die Gabe Gottes ist das ewige Leben. Schalom! Schalom!

- **Da Gster** : „Das ist ein sehr interessantes und ziemlich seltsames Buch." (5 Sterne)

Wenn das, was in dem Buch steht, wahr ist, dann liegen wir weit hinter dem zurück, wozu der Feind fähig ist! ... Ein Muss für jeden, der etwas über spirituelle Kriegsführung lernen möchte.

- **Visa** : „Ich liebe dieses Buch" (5 Sterne)

Das ist eine Offenbarung ... ein wahres Geständnis ... In letzter Zeit habe ich überall danach gesucht, um es zu kaufen. Ich bin so froh, es bei Amazon bekommen zu haben.

- **FrankJM** : „Ganz anders" (4 Sterne)

Dieses Buch erinnert mich daran, wie real der geistliche Kampf ist. Es erinnert mich auch an den Grund, die „volle Waffenrüstung Gottes" anzulegen.

- **JenJen** : „Jeder, der in den Himmel kommen möchte – lesen Sie das!" (5 Sterne)

Dieses Buch hat mein Leben so sehr verändert. Zusammen mit John Ramirez' Zeugnis wird es Ihnen helfen, Ihren Glauben mit anderen Augen zu sehen. Ich habe es sechsmal gelesen!

- *Ex-Satanist: The James Exchange* (Taschenbuch) — Hier kaufen [4] | E-Book [5] bei Amazon [6]

---

4. https://shop.ingramspark.com/b/084?params=I2HNGtbqJRbal8OxU3RMTApQsLLxcUCTC8zUdzDy0W1

5. https://www.amazon.com/JAMESES-Exchange-Testimony-High-Ranking-Encounters-ebook/dp/B0DJP14JLH

6. https://www.amazon.com/JAMESES-Exchange-Testimony-High-Ranking-Encounters-ebook/dp/B0DJP14JLH

- ***ZEUGNIS EINES afrikanischem EX-SATANISTEN** - Pastor JONAS LUKUNTU MPALA* (Taschenbuch) — Hier kaufen [7]| E-Book [8]bei Amazon[9]

- *Greater Exploits 14* (Taschenbuch) — Hier kaufen [10]| E-Book [11]bei Amazon[12]

---

7. https://shop.ingramspark.com/b/
084?params=0Aj9Sze4cYoLM5OqWrD20kgknXQQqO5AZYXcWtoMqWN
8. https://www.amazon.com/TESTIMONY-African-EX-SATANIST-Pastor-Jonas-ebook/dp/
B0DJDLFKNR
9. https://www.amazon.com/TESTIMONY-African-EX-SATANIST-Pastor-Jonas-ebook/dp/
B0DJDLFKNR
10. https://shop.ingramspark.com/b/084?params=772LXinQn9nCWcgq572PDsqPjkTJmpgSqrp88b0qzKb
11. https://www.amazon.com/Greater-Exploits-MYSTERIOUS-Strategies-Countermeasures-ebook/dp/
B0CGHYPZ8V
12. https://www.amazon.com/Greater-Exploits-MYSTERIOUS-Strategies-Countermeasures-ebook/dp/
B0CGHYPZ8V

- *Out of the Devil's Cauldron* von John Ramirez – Erhältlich bei Amazon[13]
- „*He Came to Set the Captives Free*" von Rebecca Brown – Auf Amazon finden[14]

Weitere vom Autor veröffentlichte Bücher – Über 500 Titel
Geliebt, auserwählt und ganz : Eine 30-tägige Reise von der Ablehnung zur **Wiederherstellung**, übersetzt in 40 Sprachen der Welt
https://www.amazon.com/Loved-Chosen-Whole-Rejection-Restoration-ebook/dp/B0F9VSD8WL
https://shop.ingramspark.com/b/084?params=xga0WR16muFUwCoeMUBHQ6HwYjddLGpugQHb3DVa5hE

---

13. https://www.amazon.com/Out-Devils-Cauldron-John-Ramirez/dp/0985604306
14. https://www.amazon.com/He-Came-Set-Captives-Free/dp/0883683239

In seinen Fußstapfen – Eine 40-tägige WWJD-Herausforderung: Leben wie Jesus in wahren Geschichten aus aller Welt

https://www.amazon.com/His-Steps-Challenge-Real-Life-Stories-ebook/dp/B0FCYTL5MG

https://shop.ingramspark.com/b/084?params=DuNTWS59IbkvSKtGFbCbEFdv3Zg0FaITUEvlK49yLzB

**JESUS AN DER TÜR:
40 herzzerreißende Geschichten und die letzte Warnung des Himmels an die Kirchen von heute**

https://www.amazon.com/dp/B0FDX31L9F
https://shop.ingramspark.com/b/084?params=TpdA5j8WPvw83glJ12N1B3nf8LQte2a1lIEy32bHcGg

LEBEN IM BUND: 40 TAGE im Segen von Deuteronomium 28

- https://www.amazon.com/dp/B0FFJCLDB5

Geschichten von echten Menschen, echtem Gehorsam und echtem
https://shop.ingramspark.com/b/
084?params=bH3pzfz1zdCOLpbs7tZYJNYgGcYfU32VMz3J3a4e2Qt

Transformation in über 20 Sprachen

SIE KENNEN & IHN KENNEN:
40 Tage zur Heilung, zum Verständnis und zur dauerhaften Liebe

HTTPS://WWW.AMAZON.com/KNOWING-HER-HIM-Healing-Understanding-ebook/dp/B0FGC4V3D9[15]

https://shop.ingramspark.com/b/084?params=vC6KCLoI7Nnum24BVmBtSme9i6k59p3oynaZOY4B9Rd

VOLLSTÄNDIGEN, NICHT KONKURRENZIEREN:
Eine 40-tägige Reise zu Zielstrebigkeit, Einheit und Zusammenarbeit

---

15. https://www.amazon.com/KNOWING-HER-HIM-Healing-Understanding-ebook/dp/B0FGC4V3D9

HTTPS://SHOP.INGRAMSPARK.com/b/084?params=5E4v1tHgeTqOOuEtfTYUzZDzLyXLee30cqYo0Ov9941[16]

https://www.amazon.com/COMPLETE-NOT-COMPETE-Journey-Collaboration-ebook/dp/B0FGGL1XSQ/

DIVINE HEALTH CODE - 40 tägliche Schlüssel zur Aktivierung der Heilung durch Gottes Wort und Schöpfung. Entfesseln Sie die Heilkraft von Pflanzen, Gebeten und prophetischem Handeln

---

16. https://shop.ingramspark.com/b/084?params=5E4v1tHgeTqOOuEtfTYUzZDzLyXLee30cqYo0Ov9941

https://shop.ingramspark.com/b/
084?params=xkZMrYcEHnrJDhe1wuHHYixZDViiArCeJ6PbNMTbTux
https://www.amazon.com/dp/B0FHJT42TK

WEITERE BÜCHER FINDEN Sie auf der Autorenseite
https://www.amazon.com/stores/Ambassador-Monday-O.-Ogbe/author/B07MSBPFNX

ANHANG (1-6): RESSOURCEN ZUR ERHALTUNG DER FREIHEIT UND TIEFEREN BEFREIUNG

ANHANG 1: Gebet zur Erkennung verborgener Hexerei, okkulter Praktiken oder seltsamer Altäre in der Kirche

„*Menschensohn, siehst du, was sie im Dunkeln tun...?*" – Hesekiel 8:12

„*Und habt keine Gemeinschaft mit den unfruchtbaren Werken der Finsternis, deckt sie vielmehr auf.*" – Epheser 5:11

Gebet um Urteilsvermögen und Enthüllung:

Herr Jesus, öffne meine Augen, damit ich sehe, was du siehst. Lass jedes fremde Feuer, jeden geheimen Altar, jede okkulte Operation, die sich hinter Kanzeln, Kirchenbänken oder Praktiken verbirgt, aufgedeckt werden. Löse die Schleier. Enthülle Götzendienst, getarnt als Anbetung, Manipulation, getarnt als Prophezeiung, und Perversion, getarnt als Gnade. Reinige meine Ortsgemeinde. Wenn ich Teil einer kompromittierten Gemeinschaft bin, führe mich in Sicherheit. Errichte reine Altäre. Reine Hände. Heilige Herzen. Im Namen Jesu. Amen.

ANHANG 2: Protokoll zum Medienverzicht und zur Medienreinigung

„*Ich will nichts Böses vor meine Augen stellen...*" – Psalm 101:3

Schritte zur Reinigung Ihres Medienlebens:

1. **Überprüfen Sie** alles: Filme, Musik, Spiele, Bücher, Plattformen.
2. **Fragen Sie:** Wird dadurch Gott verherrlicht? Öffnet es Türen zur Dunkelheit (z. B. Horror, Lust, Hexerei, Gewalt oder New-Age-Themen)?
3. **Verzichten** :

„Ich lehne jedes dämonische Portal ab, das durch gottlose Medien geöffnet wird. Ich trenne meine Seele von allen Seelenverbindungen zu Prominenten, Schöpfern, Charakteren und Handlungssträngen, die vom Feind ermächtigt werden."

1. **Löschen und zerstören** : Inhalte physisch und digital entfernen.
2. **Ersetzen Sie es** durch göttliche Alternativen – Anbetung, Lehren, Zeugnisse, anregende Filme.

ANHANG 3: Freimaurerei, Kabbala, Kundalini, Hexerei, Okkultes Entsagungsskript

„Habt nichts zu tun mit den fruchtlosen Werken der Finsternis..." – Epheser 5:11

Sagen Sie laut:

Im Namen Jesu Christi schwöre ich jedem Eid, Ritual, Symbol und jeder Initiation in irgendeine Geheimgesellschaft oder einen okkulten Orden – wissentlich oder unwissentlich. Ich lehne jede Verbindung ab zu:

- **Freimaurerei** – Alle Grade, Symbole, Blutschwüre, Flüche und Götzenanbetung.
- **Kabbala** – jüdische Mystik, Zohar-Lesungen, Anrufungen des Lebensbaums oder Engelmagie.
- **Kundalini** – Öffnung des dritten Auges, Yoga-Erwachen, Schlangenfeuer und Chakra-Ausrichtungen.
- **Hexerei & New Age** – Astrologie, Tarot, Kristalle, Mondrituale, Seelenreisen, Reiki, weiße oder schwarze Magie.
- **Rosenkreuzer, Illuminaten, Skull & Bones, Jesuiteneide, Druidenorden, Satanismus, Spiritismus, Santeria, Voodoo, Wicca, Thelema, Gnostizismus, ägyptische Mysterien, babylonische Riten.**

Ich annulliere jeden Bund, der in meinem Namen geschlossen wurde. Ich trenne mich von allen Bindungen in meiner Blutslinie, in meinen Träumen oder durch Seelenbande. Ich übergebe mein ganzes Wesen dem Herrn Jesus Christus – Geist, Seele und Körper. Möge jedes dämonische

Portal durch das Blut des Lammes für immer geschlossen werden. Möge mein Name aus jedem dunklen Register gereinigt werden. Amen.

ANHANG 4: Anleitung zur Aktivierung des Salböls

„*Ist jemand unter euch bedrängt, der soll beten. Ist jemand unter euch krank, der soll die Ältesten rufen ... und ihn im Namen des Herrn mit Öl salben.*" – Jakobus 5:13–14

So verwenden Sie Salböl für Befreiung und Herrschaft:

- **Stirn** : Erneuerung des Geistes.
- **Ohren** : Die Stimme Gottes erkennen.
- **Bauch** : Reinigung des Sitzes der Emotionen und des Geistes.
- **Füße** : Auf dem Weg zum göttlichen Schicksal.
- **Türen/Fenster** : Spirituelle Tore schließen und Häuser reinigen.

Erklärung bei der Salbung:
„Ich heilige diesen Raum und dieses Gefäß mit dem Öl des Heiligen Geistes. Kein Dämon hat hier Zutritt. Die Herrlichkeit des Herrn wohne an diesem Ort."

ANHANG 5: Verzicht auf das dritte Auge und übernatürliche Sicht aus okkulten Quellen

Sagen Sie laut:

Im Namen Jesu Christi verzichte ich auf jede Öffnung meines dritten Auges – sei es durch Trauma, Yoga, Astralreisen, Psychedelika oder spirituelle Manipulation. Ich bitte Dich, Herr, schließe alle illegalen Portale und versiegele sie mit dem Blut Jesu. Ich gebe jede Vision, Erkenntnis und übernatürliche Fähigkeit frei, die nicht vom Heiligen Geist stammt. Möge jeder dämonische Beobachter, Astralprojektor oder jedes Wesen, das mich beobachtet, im Namen Jesu geblendet und gebunden sein. Ich wähle Reinheit statt Macht, Intimität statt Erkenntnis. Amen.

ANHANG 6: Videoressourcen mit Zeugnissen für spirituelles Wachstum

1) ab 1,5 Minuten - https://www.youtube.com/watch?v=CbFRdraValc

2) https://youtu.be/b6WBHAcwN0k?si=ZUPHzhDVnn1PPIEG

3) https://youtu.be/XvcqdbEIO1M?si=GBlXg-cO-7f09cR[1]

4) https://youtu.be/jSm4r5oEKjE?si=1Z0CPgA33S0Mfvyt

5) https://youtu.be/B2VYQ2-5CQ8?si=9MPNQuA2f2rNtNMH

6) https://youtu.be/MxY2gJzYO-U?si=tr6EMQ6kcKyjkYRs

7) https://youtu.be/ZW0dJAsfJD8?si=Dz0b44I53W_Fz73A

8) https://youtu.be/q6_xMzsj_WA?si=ZTotYKo6Xax9nCWK

9) https://youtu.be/c2ioRBNriG8?si=JDwXwxhe3jZlej1U

10) https://youtu.be/8PqGMMtbAyo?si=UqK_S_hiyJ7rEGz1

11) https://youtu.be/rJXu4RkqvHQ?si=yaRAA_6KIxjm0eOX

12) https://youtu.be/nS_Insp7i_Y?si=ASKLVs6iYdZToLKH

13) https://youtu.be/-EU83j_eXac?si=-jG4StQOw7S0aNaL

14) https://youtu.be/_r4Jyzs2EDk?si=tldAtKOB_3-J_j_C

15) https://youtu.be/KiiUPLaV7xQ?si=I4x7aVmbgbrtXF_S

16) https://youtu.be/68m037cPEu0?si=XpuyyEzGfK1qWYRt

17) https://youtu.be/z4zlp9_aRQg?si=DR3lDYTt632E96a6

18) https://youtube.com/shorts/H_90n-QZU5Q?si=uLPScVXm81DqU6ds

---

1. https://youtu.be/XvcqdbEIO1M?si=GBlXg-c-O-7f09cR

LETZTE WARNUNG: Damit können Sie nicht spielen

Befreiung ist keine Unterhaltung. Sie ist Krieg.
Verzicht ohne Reue ist nur Lärm. Neugier ist nicht dasselbe wie Berufung. Es gibt Dinge, von denen man sich nicht so schnell erholt.
Also berechne die Kosten. Lebe in Reinheit. Bewache deine Tore.
Denn Dämonen respektieren keinen Lärm – nur Autorität.

www.ingramcontent.com/pod-product-compliance
Lightning Source LLC
Chambersburg PA
CBHW050338010526
44119CB00049B/602